本书得到以下项目支持：

国家特色蔬菜产业技术体系产业经济研究室（CARS-24-08B）

河北省蔬菜产业技术体系产业经济岗（HBCT2018030301）

河北省蔬菜产业人才培养与创新团队

河北农业大学现代农业发展研究中心

河北新型智库：河北省三农问题研究中心

国家特色蔬菜产业技术体系产业经济系列丛书

中国生姜产业发展研究报告（2017）

ZHONGGUO SHENGJIANG CHANYE
FAZHAN YANJIU BAOGAO(2017)

赵帮宏 宗义湘 吴 曼 徐 坤等◎编著

经济管理出版社
ECONOMY & MANAGEMENT PUBLISHING HOUSE

图书在版编目（CIP）数据

中国生姜产业发展研究报告.2017/赵帮宏等编著.—北京：经济管理出版社，2018.9
ISBN 978 - 7 - 5096 - 6030 - 0

Ⅰ.①中…　Ⅱ.①赵…　Ⅲ.①姜—产业发展—研究报告—中国—2017　Ⅳ.①F326.12

中国版本图书馆 CIP 数据核字（2018）第 215031 号

组稿编辑：曹　靖
责任编辑：张巧梅　王　洋
责任印制：司东翔
责任校对：董杉珊

出版发行：经济管理出版社
　　　　　（北京市海淀区北蜂窝 8 号中雅大厦 A 座 11 层 100038）
网　　　址：www. E - mp. com. cn
电　　　话：（010）51915602
印　　　刷：三河市延风印装有限公司
经　　　销：新华书店
开　　　本：787mm×1092mm/16
印　　　张：6.5
字　　　数：146 千字
版　　　次：2018 年 12 月第 1 版　　2018 年 12 月第 1 次印刷
书　　　号：ISBN 978 - 7 - 5096 - 6030 - 0
定　　　价：68.00 元

报告撰稿人

赵帮宏　宗义湘　吴　曼　徐　坤　刘振伟
王俊芹　王　哲　乔立娟　张　亮　杨江澜
周　剑　苑甜甜　闫金玲　宋　洋　周琬颜
吴　瞳　杨　毅

前　言

本研究来源于国家特色蔬菜产业技术体系（CARS - 24）项目。报告首次对我国生姜产业的生产规模、生产布局、贸易规模、贸易格局进行了全面的梳理，对全球生姜产业发展与各国生姜贸易进行了系统研究，对生姜产业发展的基础性、历史性数据进行了全面整理追踪，利用现有的可利用数据资料、案例资料进行了系统分析研究，并整理了重要的农业产业化龙头企业、知名品牌、代表性基地、批发市场及重要的生姜新闻报道。报告还包括生姜生产加工的技术进展、成本收益分析、生姜价格波动规律分析和生姜产业发展趋势的分析判断。

报告中世界生姜的生产与贸易数据来自于联合国粮食及农业组织（FAO）、联合国商品贸易统计数据库，中国生姜国际贸易数据来源于《中国海关统计年鉴》和中国海关信息网，市场价格数据来源于《中国农产品价格调查年鉴》以及中国农产品价格信息网。由于生姜统计信息缺乏，国内产业数据主要来自国家特色蔬菜产业技术体系生姜相关岗位科学家、综合试验站站长以及基地负责人的问卷调查和研究室的产业调研。

本报告是在国家特色蔬菜产业技术体系首席科学家、中国工程院院士、湖南省农业科学院院长邹学校研究员和国家大宗蔬菜产业体系首席科学家、中国农业科学院蔬菜花卉研究所杜永臣研究员的直接指导下，由国家特色蔬菜产业技术体系产业经济研究室赵帮宏教授、宗义湘教授、吴曼博士与生姜品种改良岗位科学家徐坤教授、莱芜综合试验站站长刘振伟研究员合作完成的，报告得到了辛辣类蔬菜种质资源岗位科学家李锡香研究员、栽培生理岗位科学家周艳虹教授、土肥水管理岗位科学家武占会研究员、产地环境综合质量岗位科学家贺超兴研究员、虫害防控岗位科学家张友军研究员、病害防控岗位科学家魏利辉教授、综合防控岗位科学家罗晨研究员、生产机械化岗位科学家侯加林教授、质量安全与影响品质评价岗位科学家钱永忠研究员等专家学者的大力支持，也得到了生姜主产区综合试验站、加工流通企业、合作社、生产基地相关负责人员的协助与支持。

国家特色蔬菜产业技术体系产业经济研究室

2018 年 6 月于保定

目　录

第一章 引言

一、研究背景

我国是生姜生产大国、消费大国、出口大国。2000～2016 年，我国生姜总产量占世界总产量的 70% 以上，生姜出口量、出口额世界第一，占世界总出口额的 60% 左右，出口市场遍布日韩、东南亚、欧洲、美洲，在世界生姜贸易中占主导地位。生姜总产量、单产、种植面积均居世界第一。我国生姜产区主要是：山东省、四川省、广西壮族自治区、福建省、安徽省、湖南省、河北省等地。山东省生姜种植面积占全国种植面积的 30.89%，产量占全国总产量的 51.4%。全国最大的五个县域生姜生产基地均在山东省境内，单个生产基地的面积在 6 万～20 万亩。近年来生姜主产省份依托资源优势，瞄准国内外市场需求，推进生姜规模化种植、标准化生产和产业化经营，生姜产业规模、产业发展水平有了较大的提升。

生姜具有明显的高投入、高产出的特点。但是近年来"姜你军""毒生姜"等事件的发生，表明我国生姜产业现代化程度仍处于较低层次，产业发展的科技支撑仍然比较薄弱。自 2010 年以来，中国生姜出口量与出口额呈反向波动，出口价格波动幅度大，国际竞争力下降，荷兰、秘鲁、印度、巴西、德国等国在生姜贸易方面与我国竞争加剧，特别是在有机生姜贸易方面，我国处于劣势地位。我国生姜生产的规模化、标准化、品牌化、信息化程度低，高品质多功能食品研发还不能满足多元化的市场需求。

生姜以药食两用著称，其保健功能受到广大消费者的青睐。在农业供给侧结构性改革的背景下，生姜的深加工增值潜力巨大、市场开发前景广阔、产品层次多样化，生姜产业将成为具有较强国际竞争力和出口贸易能力的农业主导产业，将在培育农村发展新动能、促进农业增效、农民增收、农村环境增美等方面发挥重要的作用。

二、国内外研究动态

生姜的前沿研究主要集中在生姜化学成分的提取、生姜药理作用研究等方面，鲜有对生姜产业经济的研究。目前学界对生姜的产业经济研究主要有产业发展现状及对策研究、价格波动研究、出口现状及对策研究、案例研究等。

宋萍（2017）针对生姜质量安全问题，从生姜种植户入手，对农户生姜质量安全行为的影响因素进行实证分析，结合实证分析结果提出提高生姜种植户质量安全行为的对策建议。

杨建国等（2015）对湖南省生姜产业发展的现状及对策进行研究。湖南生姜分布较广，地方品种资源比较丰富，但近年来存在生姜种性退化、病虫害严重、标准化生产配套技术不健全、生姜储存保鲜技术落后、栽培管理粗放、单产低等主要问题。据此提出了建议：加大科研投入和技术培训以提升生产技术水平，建立繁育体系，推广良种繁育，规范栽培方式，提高生姜单产，完善储藏设施，拓宽产业链条。

李娜（2013）从安丘市生姜产业化发展现状入手，分析了安丘生姜产业化存在的问题，主要是生产环节科学技术要素缺乏，区域品牌运用不到位，加工标准不统一，产业发展资金支持不足等。

许群（2015）对莱芜生姜产业化经营进行研究，总结了莱芜生姜产业化经营的主要做法，结合国内外农业产业化发展经验提出莱芜生姜产业化经营的对策措施。

李飞雪（2015）对莱芜市生姜出口现状进行分析，对生姜出口存在的问题进行了归纳，认为生姜出口问题主要有生产中技术水平低导致质量下降、产品附加值低导致出口价格低、品牌效应差导致影响力不高、龙头企业带动不强导致出口无序竞争压力大、贸易壁垒增加导致出口难度大、汇率上升抬高出口门槛等。

刘通（2017）对近五年大蒜、洋葱、大葱、生姜、大白菜、番茄、马铃薯价格走势进行分析。生姜价格在2014年达到最高点，主要原因是2012年生姜价格过低，导致2013年播种面积减少。

李玮（2014）通过生姜价格走势分析，透视我国农业生产问题及发展路径。生姜价格大幅度波动，一是农产品供给与需求信息不对称，农民生产决策盲目；二是农户小规模生产与现代农业发展要求不匹配，农业生产缺乏科学统筹，农业生产资源配置效率低，农产品各供应链利润分配不均衡，等等。

邱书钦（2013）对我国生姜价格波动特征进行分析，并对生姜价格进行了短期预测。

由此可见，生姜产业经济方面的研究主要是对一些主产区，例如莱芜、安丘、铜陵等地的研究。全国范围内的生姜产业发展情况没有相关文献及数据。研究内容多是以个案为基础，缺乏对整体数据的把握。

三、研究对象

生姜（ginger）主要种植品种分为大姜和小姜两类，是典型的一年生产、常年销售的经济作物，是我国特产的重要蔬菜品种。本报告研究对象是生姜（包括大姜和小姜等），生姜贸易编码为09101000，未磨姜贸易编码为09101100，已磨姜贸易编码为09101200。生姜既是人们日常生活中重要的调味品，又是传统的中药材，是集营养、调味、保健于一体的特色创汇蔬菜。生姜分类如下：

（一）按属性划分

分为白姜、红姜、南姜。

（1）白姜。根茎较大，呈微黄色，外皮光滑，肉黄白色，水分较大，辣味淡，纤维少。新鲜白姜的姜皮为白略呈黄色，姜块呈佛手状，瓣粗肥厚。姜脂饱满，色白鲜嫩汁多，味辣而不呛口，属多功能食用产品。

（2）红姜。也称野黄姜，根茎大，节间长，皮淡黄色，嫩芽淡红色，肉色黄，纤维少，辣味强。表面呈粉红色，内部呈淡黄色，晒干后，略微带粉红色，气味独特，有一股清凉味，辛辣味较淡。

（3）南姜。又名山姜、高良姜、芦苇姜，从外形上像玉竹，黄精，味辛，性温，南姜温胃散寒，消食止痛。

（二）按用途划分

分为嫩姜、黄姜、老姜、种姜。

（1）嫩姜，又叫新姜、仔姜、子姜，是生姜还没成熟的个体，皮薄肉嫩，水分多，纤维少，味薄淡，除做调料还可丝炒、凉拌、做姜糖，如淮扬菜拌干丝。

（2）黄姜，一般是指嫩姜收获后存入井窖，完成圆头过程的姜，常作为调料使用。

（3）老姜，皮厚肉坚，味道辛辣，相比新姜，老姜的味道更浓香，一般在火工菜中调味使用。

（4）种姜，留种用的姜块。一般选择植株健壮，姜块充实、无病虫害感染、不受损伤的姜块，储藏作种。

（三）按品种分类

（1）鲁姜一号，又称"鲁中大姜"。生姜新品种，是莱芜市农科院培育的优质、高产大姜新品种。该品种具有很好的丰产、稳产性能。

（2）山东大姜1号。山东农业大学选育的大姜块、高单产的生姜新品种。

（3）山东大姜2号。山东农业大学从国外引进的品种，通过组培试管苗诱变选择而来。

（4）莱芜小姜。中国名优小姜品种，为莱芜地方农家品种，株高70~80厘米，长势旺者可达1米以上。

（5）莱芜大姜。山东省莱芜市地方品种，该品种植株高大，生长势强。

（6）广东疏轮大肉姜。肉黄白色，表皮淡黄色，味辣，纤维少。

（7）广东密轮细肉姜。肉质致密，纤维多，味较辣，肉与表皮淡黄色，芽紫红。

（8）铜陵白姜。安徽铜陵地区地方品种，是制作糖冰姜的上好原料。块大皮薄，纤维含量少，肉质脆嫩，汁多渣少，适于鲜食、腌渍、糖渍等。

（9）来凤姜。湖北省来凤县地方品种，在湖北省栽培较普遍。

（10）西林火姜。肉质致密，辛辣味浓，皮薄肉厚，鲜辣温香，质嫩可口，水分含量少，宜于制作烤姜。

（11）安姜2号。安姜2号是西北农林科技大学选育的黄姜新品种，该品种丰产性好、抗性强，是综合形状良好的黄姜品种。

（12）四川竹根姜。四川地方品种，根茎为不规则掌状，表皮淡黄色，嫩芽及姜球顶部鳞片紫红色，肉质脆嫩，纤维少。

（13）台湾肥姜。台湾肥姜株高60~70厘米，直立。叶披针形，排成两列，茎叶绿色，有香味。

（14）南山姜。分布在广西、云南、广东韶关始兴一带，其姜偏小，味道足，在当地用黄酒、鸡蛋加南山姜配合下煮给产妇吃。

四、研究内容

本报告全面系统地梳理了世界生姜产业的生产布局与贸易格局及生产技术现状，研究了我国生姜国际竞争力变化及原因；从经济学视角分析了生姜生产的成本收益及生姜产品的市场价格波动；结合调研、专家访谈搜集整理了近年来生姜产业中的知名企业、重要生产基地、专业批发市场、科技研发前沿等内容，提出了产业发展存在的问题及对策建议，对生姜产业发展长期趋势进行判断。

五、数据来源

本报告中，生产与贸易数据来自联合国粮食及农业组织（FAO）、联合国国际贸易数据库，中国生姜国际贸易数据来源于《中国海关统计年鉴》（2007~2016年），市场价格数据来源于《中国农产品价格调查年鉴》以及中国农产品价格信息网。国内产业数据2008~2013年来源于《中国农业年鉴》（2015~2016年）相关数据来源于国家特色蔬菜产业体系葱姜蒜相关研究岗位、综合试验站的问卷调查数据和产业调研数据。

第二章　中国生姜产业技术

一、生姜育种技术

姜属于无性繁殖作物，常规的育种技术无法应用，主要的育种技术包括系统选育、诱变育种、多倍体育种、脱毒快繁改良和细胞融合育种等。

（一）系统选育

系统选育是无性繁殖作物较为成功的育种方法，其具体步骤是：收集一个或多个地区不同来源的栽培品种—测评产量、品质、抗逆性等特性—据育种目标选择合适的品系—在不同地区进行多点重复测定试验—选择最好的品种推广应用。印度的生姜高产新品种"Varada"，就是利用系统选育的方式，历经 4 年才成功选育成功的。此外，系统选育技术还成功选育出了"ⅡSRRejatha""ⅡSRMahima""Suprabha""Suravi""Himgiri"等多个优良品种。

（二）诱变育种

选用生产中应用的主导品种进行化学诱变剂或物理辐射诱变处理，在诱变后的第一代和第二代进行评价选择，然后进行繁育和多点的重复测定试验，主要检测产量、品质、抗病性和抗虫性等特性指标，最终选择符合选育目标的品系进行推广应用。生姜新品种"V1K1 - 3"，就是通过 EMS、叠氮化钠、秋水仙碱和 γ - 射线作为诱变因子处理 5 个生姜品种，而后获得多个有价值突变体，从而根据育种目标进一步筛选出来的新品种。"鲁中大姜""鲁中小姜"就是莱芜市农科院利用 γ - 射线处理获得的优良品种。诱变育种过程中筛选突变体是重要的工作环节，同工酶分析是一项早期检测突变体的有效技术。

（三）多倍体育种

多倍体植株具有器官大、产量高等优势，结合生姜无性繁殖的特点，多倍体育种是一项有效的培育生姜新品种的育种方式。生姜多倍体，可以从栽培品种中选育稳定的四倍体，通过该方式已成功选育了"Maran""Mananthody"和"Buderim Gold"三个稳定生姜四倍体品种。此外，也可以通过借助于生姜组培技术，利用秋水仙素处理生姜芽尖，通过诱变获得植株高大、姜块肥大的高产四倍体品系。

（四）脱毒快繁品种改良

生姜为无性繁殖作物，病毒侵染易导致生姜种性退化。尽管生姜初生芽、茎尖分生组织、叶片、花芽、子房均可作为外植体来生产脱毒苗，但利用茎尖分生组织培养技术，生产生姜脱毒种苗是目前最有效的生姜去除病毒的方法。此外，生姜脱毒快繁，不受季节和环境限制，大大提高了生姜繁殖效系数。接种到培养基 $MS + 3mg/dm3\ 6 - BA + 0.5\ mg/dm3IAA + 100\ mg/dm3ADS$ 的生姜茎尖，繁殖系数可高达 8.0 左右，且无明显变异。

（五）细胞融合育种

细胞融合是利用亲本的两个体细胞，在特定的物理和化学因子处理下合并为一个杂种细胞的过程。植物细胞融合技术，可以引入近缘物种的有利性状，丰富姜的种质资源，快速实现不同种的优良抗性及品质基因向栽培种的转移。细胞融合技术在生姜育种中的研究尚在起步阶段，但无须通过有性世代即可实现亲本优良性状的快速组合，故有望在克服无性繁殖作物育种瓶颈的限制方面发挥重要作用。

二、生姜栽培制度与模式

生姜在同一地区一年栽培一茬，因此，栽培模式单一，多为春季播种，秋季收获。

山东、河北、河南、辽宁等华北地区，一般 4 月播种，10 月收获，或早春三月小拱棚播种，10 月收获。

广东、广西、海南等华南地区，一般 2~3 月播种，11 月收获。

云、贵、川等西南地区及华中地区，一般 3~4 月播种，10~11 月收获。

三、生姜栽培技术

（一）整地施肥

生姜既不耐寒也不耐涝，姜田应选择土层深厚、有机质丰富、保水保肥、排水良好的微酸性壤土。北方多采用开沟种植的方式，一般沟深 20~25 厘米，沟宽 25 厘米，沟距 60~75 厘米；南方则采用高畦栽培。

（二）催芽播种

培育壮芽是生姜旺盛生长的基础，而催芽期外界温度尚低，应采用加温催芽方法，促进姜芽适期萌发，以幼芽肥壮、顶部钝圆、色泽鲜亮、芽长 0.5～2 厘米芽为好。催芽前须进行掰姜，以便进行块选，掰姜时应注意，姜块大小以 50～75 克重为宜，播种前需进行姜块复选和芽选，所选姜块只保留一个壮芽，其余姜芽全部去除，将其按 22 厘米距离平放播种沟内，覆土 3～4 厘米即可。

（三）遮阴

插姜草遮阴：高度为 60 厘米，稍稍向北或向东倾斜。透光率 50%；遮阳网全覆盖透光率应选 70%；7 月下旬至 8 月初（立秋），群体扩大，天气转凉，光照渐弱，可去除遮阴物。

（四）合理浇水

幼芽 70% 出土后浇第 1 次水，2～3 天接着浇第 2 次水，中耕松土，以后浇小水，保持见干见湿。雨后及时排水。进入旺盛生长期，土壤始终保持湿润状态，每 4～5 天浇 1 次水。收获前 3～4 天浇最后 1 次水。

（五）追肥与培土

苗高 30 厘米左右，追 1 次小肥，以氮素化肥为主；7 月下旬至 8 月上旬每 667 亩施饼肥 75 千克，三元复合肥 50 千克，或尿素 50 千克、磷酸二铵 25 千克、硫酸钾 25 千克。追肥后进行第 1 次培土；9 月上中旬后，追部分速效化肥（钾肥），结合浇水施肥，视情况进行第 2 次、第 3 次培土。

（六）收获

种姜可与鲜姜一并在生长结束时收获，即在初霜到来之前，地上茎叶尚未霜枯时收获，收获后无须晾晒，随即入窖储藏。

四、病虫害防控技术

（一）病虫害种类

生姜主要病害有细菌性软腐病（姜瘟病）、茎基腐病、根结线虫病等土传病害，炭疽病、叶斑病等叶部病害；主要害虫有钻心虫、甜菜夜蛾等鳞翅目害虫、蓟马及姜蛆等。

（二）主要防控技术

病虫害防治应该采用预防为主，综合防治的措施。主要包括农业防治、生态防治、物理防治、化学防治和生物防治等。

1. 农业防治

一是严格引种，必须按严格的引种程序进行，要先经过小区试验，选出适合当地种植的优质、高产、商品性好、抗病虫的品种进行推广，从源头上杜绝检疫性病虫害的传入。二是对土壤进行翻耕，并及时清除土壤中的残枝落叶，消灭部分越冬蛹。夏季结合农事操作，进行中耕或灌溉，摘除卵块或幼虫。另外，及时清除田间及其周围的杂草，减少虫卵。三是重视轮作倒茬，加强耕作管理，注意氮、磷、钾肥的配合使用，不要偏施氮肥。四是雨后及时排水，适当浇水，控制田间湿度。

2. 生态防治

生态防治主要是通过创造适于作物生长，而不利于病虫害发生的环境条件，抑制或减轻病虫害的发生。

3. 物理防治

物理机械防治是利用各种物理因素及机械设备或工具防治病虫草害。该方法具有简单方便，经济有效，副作用少等优点。采用人工或机具器械防治病虫草害，主要有清除法、捕杀法、隔离法等；利用病虫草对光、热、色、射线、高频电流、超声波等物理因素的特殊反应来防治病虫草害。

4. 化学防治

一是土壤处理，特别是土传病害采用棉隆、氯化苦、氯丙烯、石灰氮等对土壤进行熏蒸处理；二是发现病株，及时选用高效低毒低残留化学农药喷洒或灌根。

5. 生物防治

综合运用各种措施保护、增殖、利用天敌进行防治。可通过杀虫灯和性诱剂诱杀害虫成虫，减少虫口密度，也可利用植物源农药、Bt 制剂、Bt 杀虫变种、Bt 与苏云金杆素菌混合剂等生物农药进行防治。

五、生姜生产机械化

（一）生姜耕整机械

生姜为地下深扎根作物，深耕一般 30 厘米以上，必须保证土壤通透性强且土质平坦松软，要求达到平、整、碎、均的效果。目前国内多采用土壤深耕和平整装备实现，该类机械为大田通用机械，主要包括旋耕机、深耕翻转犁、深松机、圆盘耙等。在生姜生产全部环节中，耕整地环节机械化水平在 80%（机械化作业面积占总面积比例，下同）以上，该类机械作业效率高，但存在与动力机具配套比不合理、工作部件如犁刀耙片等折断或磨损的严重问题，造成动力和装备的浪费或不足以及工作效果不佳。

（二）生姜种植机械

1. 开沟机

生姜种植时开沟作业现有机型为开沟机，具有旋耕、起垄、沟底碎土、平整和镇压联合作业功能，分为牵引式和自走式，其中自走式机型小巧，操作灵活，工作效率高，可在大田和温室使用，可通过田园管理机更换刀片完成，减少农户投入，该环节机械化水平在95%以上。

2. 播种机械

目前未见到有关生姜播种机械报道，仍为人工种植。

（三）生姜田间管理机械

1. 中耕除草、培土机械

目前，在生姜田间管理环节中中耕、培土均可由田园管理机完成，通过更换工作刀具完成不同作业。此类机具相对比较成熟，价格低廉，但是往往机型较小，需要人工手扶作业，机械化水平在95%以上。

2. 灌溉机械

当前生姜主要还是采用大水漫灌方式，大田种植地头设有深井，通过人工接入水管灌溉，少部分采用移动式喷灌机械和铺设滴灌管的水肥一体化装备。大水漫灌水资源浪费严重，水肥一体化实现水和肥一体化利用和管理，使水和肥料在土壤中以优化的组合状态供应给植株吸收利用，值得推广，但是前期投入较大，不易被农户采用。

3. 植保机械

大田种植的生姜病虫草害防治机械机型以人工电（手）动背负式喷雾机为主，少数采用机动式喷杆喷雾机与风送式弥雾机。人工使用背负式机动喷雾机等手动器械不仅劳动强度大，作业效率低，还易造成农药中毒等危害，影响人身安全。以使用机动喷干喷雾机为界，该环节机械化作业水平在不足10%。莱芜生姜产区已经开始采用植保无人机进行统防统治。

4. 施肥机械

大田种植生姜施肥机械往往与其他环节组合使用，如播前土壤耕整机械与施肥机组合、中耕除草机械与施肥机组合、植保机械与施肥机组合等，目前施肥机主要为外槽轮式排肥器以及肥料撒布机，外槽轮排种器排肥量稳定可靠、排肥均匀、通用性好、排肥量调节范围大、操作方便，能适应不同品种、不同密度的化肥和作业要求，多用于追肥，但是易堵塞，堆积在排肥口且现有排肥器多为塑料件，耐用性较差；肥料撒布机工作效率高，均匀性好，适合于宽幅大面积作业，但作物出苗后使用容易烧苗，因此更多应用在播前土壤处理。出苗后施肥主要依靠人工撒施，我国当前施肥环节机械化水平不高，在40%左右。

（四）生姜收获机械

主要机型为强制提、振动铲式、铲链筛组合式，这几种形式的大姜收获机普遍存在伤姜率高，实用性差，目前无成熟的大姜收获机。大姜机械化收获水平不足 5%。

六、采后保鲜与加工技术

（一）采后保鲜与储藏

生姜起源于热带雨林地区，收获后需置湿度 95% 左右、温度 13℃ 左右的储藏窖（如井窖、卧式窖、山洞等）或恒温库中，方可长期储藏，一般储藏期可达 1～3 年。

（二）产品加工技术

由于生姜生产国多为第三世界国家，产品加工技术较为落后，采后处理多为清洗、腌渍、干制等初级加工品，产品技术附加值较低。目前，我国生姜加工主要包括保鲜产品、腌渍产品、脱水产品等，也有少量冷冻产品、软饮料及功能成分加工产品（如姜辣素等）及其他加工品（如姜糖等）。

第三章 世界生姜生产与贸易

一、世界生姜生产

（一）世界生姜的起源

生姜属于喜温暖性作物，不耐寒冷，但适应性较强，目前已广泛栽培于世界各热带、亚热带地区。关于姜的确切起源尚无定论，但从姜的分布和姜的生物学特性来看，一般多倾向于姜原产于亚洲较温暖的山区。根据目前有关生姜起源主要有三种推论。一是东南亚起源说，认为生姜起源于印度及马来半岛。二是认为生姜起源于中国云贵及西部高原地区。三是认为起源于中国长江流域、黄河流域。现在公认为生姜起源于亚洲的热带和亚热带地区。

许多考证表明，姜起源于中国古代的黄河流域与长江流域之间的地区，并从中国走向世界。中国人食用生姜已有 3000 多年的历史，从周代起就已有人工栽种，至春秋时期，中国人已深知食用姜对身体大有益处。英国的安德鲁·多尔比在《危险的味道——香料的历史》中阐述了生姜从中国走向世界，最初沿着海洋的途径，从中国经菲律宾到印度尼西亚的这条路线，在史前贸易中具有举足轻重的地位，沿着这条路线生姜被移植扩散，并走向世界。生姜于公元 1 世纪从东南亚传入地中海地区，3 世纪传入日本，11 世纪传入英格兰地区，传入欧洲，1585 年传入美洲，现广泛栽培于热带和亚热带地区。生姜传入欧洲后，一度被当作非常贵重的香料，欧洲气候不适宜生姜种植，因此欧洲主要的生姜供应来自中国、印度等国家。

（二）世界生姜生产规模

2008～2016 年世界生姜种植面积呈上升趋势（图 3－1）。2011 年种植面积快速增加，由 2010 年的 388.40 千公顷增加到 2011 年的 567.49 千公顷（表 3－1），增加了 46%。主要原因是 2010 年生姜出口价格达到峰值。2016 年世界生姜播种面积为 595.59 千公顷，总产量为 1218.71 万吨，单产 20.46 吨/公顷。

表 3 - 1　世界生姜生产情况

年份	产量（万吨）	面积（千公顷）	单产（吨/公顷）
2008	649.40	356.03	18.24
2009	770.66	379.18	20.32
2010	813.34	388.40	20.94
2011	1594.48	567.49	28.10
2012	1120.09	537.29	20.85
2013	880.51	526.29	16.73
2014	906.16	559.92	16.18
2015	1101.32	577.23	19.08
2016	1218.71	595.59	20.46

数据来源：国家特色蔬菜产业技术体系产业经济研究室根据联合国粮食及农业组织（FAO）数据库及各试验站提供数据修订。

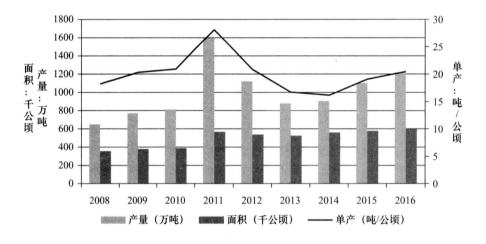

图 3 - 1　世界生姜生产情况

　　从种植面积看，2016 年世界生姜种植面积前 10 位分别是中国、印度、尼日利亚、尼泊尔、印度尼西亚、泰国、孟加拉国、喀麦隆、菲律宾、埃塞俄比亚。种植面积超过 100 千公顷的国家共三个，分别是中国、印度、尼日利亚，占世界总种植面积的 85.42%，其他七个国家种植面积在 3.57 千公顷和 21.87 千公顷之间。从种植面积增长幅度看，2008 ~ 2016 年，喀麦隆、尼泊尔、埃塞俄比亚、印度等非洲和南亚国家生姜种植面积增幅较大，增幅在 136% ~ 488% 之间。总体来看，生姜生产规模快速增加的多是发展中国家，这些国家有种植生姜的历史（表 3 - 2）。

表3-2 2016年世界主要国家生姜生产情况

前十国	种植面积（千公顷）	前十国	总产量（万吨）	前十国	单产（吨/公顷）
中国	232.60	中国	938.00	中国	40.32
印度	165.00	印度	110.90	斐济	34.55
尼日利亚	111.20	尼日利亚	52.30	美国	33.72
尼泊尔	21.87	印度尼西亚	34.03	日本	30.67
印度尼西亚	12.93	尼泊尔	27.19	印度尼西亚	26.32
泰国	9.81	泰国	16.43	泰国	16.75
孟加拉国	9.47	喀麦隆	7.93	马里	15.56
喀麦隆	8.07	孟加拉国	7.73	毛里求斯	13.96
菲律宾	3.83	日本	6.22	尼泊尔	12.43
埃塞俄比亚	3.57	马里	3.86	马来西亚	12.37
世界	595.59	世界	1218.71	世界	20.46

数据来源：中国数据来自国家特色蔬菜产业技术体系产业经济研究室根据各试验站数据整理计算，其他国家数据来自联合国粮食及农业组织（FAO）数据库。

从产量来看，2016年世界生姜产量前十位的国家分别是中国、印度、尼日利亚、印度尼西亚、尼泊尔、泰国、喀麦隆、日本、马里，其中中国、印度产量在100万吨以上，其他8个国家产量在3.86万～52.30万吨之间。中国和印度产量占世界总产量的90.36%。从产量增长幅度来看，2000～2016年，喀麦隆、尼日利亚、印度、尼泊尔这些国家产量增长幅度巨大，均在2.6倍以上，特别是喀麦隆产量增长超过9.66倍。非洲和部分东南亚国家产量增长快，主要是这些国家生产水平落后，单产水平提升空间大，产量基数较小。

从单产来看，2016年世界生姜单产前10位国家分别是中国、斐济、美国、日本、印度尼西亚、泰国、马里、毛里求斯、尼泊尔、马来西亚。其中中国、斐济、美国、日本单产水平均在30吨/公顷以上。中国是世界上种植、食用生姜历史最悠久的国家，生姜是重要的经济作物，一方面现代农业的发展促进了生姜产量的提高，另一方面生姜的经济效益高刺激了农民提升单产水平，中国生姜单产水平维持在40吨/公顷左右。斐济气候适宜生姜生长，斐济有30%以上人口来自印度，具有种植生姜、食用生姜的习惯。美国现代农业发达，生姜单产水平一直在前三名，但近年来生姜种植面积减少、产量减少、单产也在降低。日本食用、种植生姜的历史从3世纪开始，单产水平较高，近年来从20吨/公顷提升到30吨/公顷。生姜生产水平较高的地区主要分布在亚洲、大洋洲和美洲；东南亚和非洲生姜生产水平较低，还有挖掘的潜力。

利用市场集中度指标CR_n来对世界生姜生产的集中度情况进行评估，CR_1、CR_2、CR_3、CR_6分别代表产量排名第1名、前2名、前3名、前6名生姜生产国的产量之和占世界总产量的比重。2008～2016年CR_1、CR_2、CR_3、CR_6变化情况如图3-2所示。

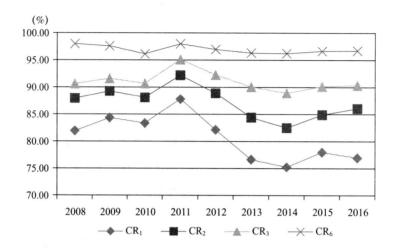

图 3 - 2　2008～2016 年世界生姜生产集中度

2008～2016 年 CR_1、CR_2、CR_3、CR_6 的值总体呈现下降趋势，说明世界生姜生产集中程度总体呈下降趋势。2008 年 CR_1 值为 81.92%，2016 年下降至 76.97%，中国仍然占据世界生姜生产的优势地位。CR_2 值从 2008 年的 87.93% 下降至 2016 年的 86.07%；CR_3 值从 2008 年的 80.63% 下降至 2016 年的 90.36%；CR_6 从 2008 年的 97.98% 下降至 2016 年的 96.73%。其中 CR_1 下降最多，其他集中度值略有下降，说明虽然生姜生产有扩散趋势，但是六大主产国依然占据世界生姜的优势地位。

（三）世界生姜生产布局

生姜种植区域跨度极大，从北纬 18°14′到北纬 40°25′，纵跨热带、亚热带、暖温带 3 个温度带，除寒冷的高原地区外均有栽培。

根据联合国粮农组织统计资料，1961 年世界种植生姜的国家（地区）共 29 个，1980 年增加到 32 个（增加了不丹、韩国、菲律宾），1990 年增加到 36 个（增加了圭亚那、印度尼西亚、波多黎各、美国），2000 年增加到 39 个（增加了马里、埃塞俄比亚、赞比亚）。2016 年全世界有 38 个国家或地区种植生姜（减少了赞比亚）。

世界生姜生产主要分布于亚洲、非洲、美洲和大洋洲，欧洲由于气候原因鲜有种植。亚洲生姜种植面积占世界生姜种植面积的比例由 2008 年的 81.93% 下降到 2016 年的 78.46%；非洲生姜种植面积占世界生姜种植面积的比例由 2008 年的 17.82% 上升到 21.18%；美洲生姜种植面积占世界生姜种植面积的比例由 2008 年的 0.23% 上升到 0.34%。尼日利亚 2012 年生姜种植面积增加了 1 倍，非洲生姜种植面积 2012 年后快速增长；亚洲生姜种植面积波动增长，美洲生姜种植面积小幅增长。可见，生姜种植由亚洲向非洲、美洲、大洋洲扩散（图 3－3）。

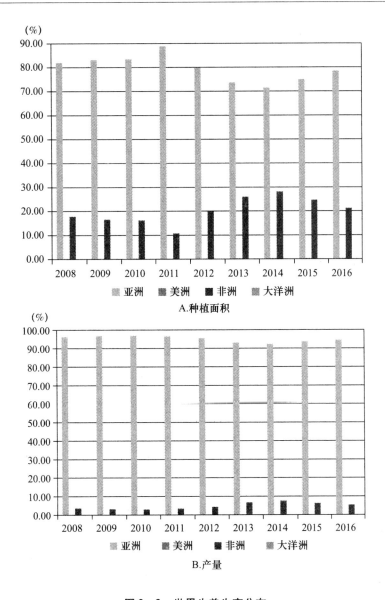

图 3-3　世界生姜生产分布

亚洲生姜产量占比常年在 92% 以上，由 2008 年 96.28% 下降到 2016 年 94.43%。非洲生姜产量占比由 2008 年 3.61% 上升到 5.42%，2014 年达到最大值 7.55%。美洲生姜产量占比非常小，但有增长趋势，由 2008 年 0.07% 增长到 2016 年 0.12%。大洋洲生姜产量常年低于 0.1%。总体而言，生姜生产从亚洲扩散到非洲、美洲、大洋洲，其中非洲和美洲的种植面积有上升趋势（表 3-3）。

从单产水平来看，大洋洲最高，其次是亚洲、美洲、非洲。大洋洲单产水平超过 30 吨/公顷，亚洲单产水平在 20 吨/公顷以上，美洲和非洲均在 10 吨/公顷以下。大洋洲、亚洲单产水平较为稳定，美洲单产水平由 2008 年的 5.67 吨/公顷增长到 2016 年 7.33 吨/公顷，非洲单产水平存在一定波动性，最高为 8.89 吨/公顷，最低为 3.69 吨/公顷（表

3 - 3）。大洋洲生姜单产最高，主要是斐济单产水平高。亚洲作为生姜的发源地，种植生姜历史悠久，种植经验丰富，单产水平较高。

表 3 - 3　各大洲生姜生产情况

单位：千公顷，万吨，吨/公顷

年份	亚洲			美洲			非洲			大洋洲		
	面积	产量	单产	面积	产量	单产	面积	产量	单产	面积	产量	单产
2008	291.689	625.226	21.435	0.821	0.466	5.677	63.446	23.459	3.697	0.070	0.245	34.971
2009	315.173	744.961	23.637	1.004	0.571	5.688	62.941	24.906	3.957	0.063	0.221	35.048
2010	324.134	787.671	24.301	1.163	0.692	5.951	63.041	24.746	3.925	0.066	0.232	35.136
2011	504.794	1538.963	30.487	1.270	0.691	5.440	61.354	54.569	8.894	0.074	0.259	35.014
2012	428.859	1070.302	24.957	1.383	0.832	6.014	106.954	48.625	4.546	0.096	0.333	34.698
2013	387.916	819.546	21.127	1.697	1.101	6.487	136.507	59.277	4.342	0.171	0.591	34.550
2014	400.343	836.077	20.884	1.770	1.074	6.066	157.643	68.456	4.342	0.161	0.555	34.491
2015	432.813	1030.781	23.816	2.036	1.390	6.827	142.249	68.681	4.828	0.135	0.469	34.733
2016	467.297	1150.820	24.627	2.011	1.476	7.339	126.168	66.024	5.233	0.112	0.386	34.455

数据来源：国家特色蔬菜产业技术体系产业经济研究室根据联合国粮食及农业组织（FAO）数据库及中国生产数据修订。

1. 亚洲

亚洲在生姜生产方面处于领先地位，亚洲是生姜发源地，各国均有种植生姜，并有食用生姜的习惯。亚洲生姜生产国主要有：中国、印度、印度尼西亚、泰国、菲律宾、日本等。世界两大生姜生产国均在亚洲：中国、印度这两个国家生姜种植规模仍在扩大。

中国生姜已有3000多年的历史，姜作为烹饪用调料因此被广泛种植，此外生姜被用于帮助消化和治疗胃部不适，腹泻和恶心已有2000年历史。中国生姜在世界上占有绝对优势地位，中国生姜种植面积、产量、单产均居世界第一。近年来中国生姜年产量在900万吨左右，国内消费量巨大，占总产量的80%以上。中国生姜产量占世界总产量的70%左右。

印度作为第二大生姜生产国，生姜产量在100万吨左右，占世界总产量的10%左右。印度菜中酸辣酱、腌菜，特别是咖喱中均需要生姜，印度人还会喝甜姜茶帮助消化。印度每迎宗教节日，生姜需求量大大增加，生姜价格均会上涨。

2. 非洲

非洲主要生姜生产国是尼日利亚、喀麦隆、埃塞俄比亚、马里，四个国家生产面积占非洲总生产面积的99%左右。其中，尼日利亚是世界生姜第三大生产国，也是非洲大陆的主要生姜生产国，其生产面积占非洲总生产面积由2000年的97%降低到2016年的88%，非洲生姜生产由尼日利亚向周围其他国家扩散。卡杜纳地区是尼日利亚的主要产区，占总产量的 80%，该国主要提供鲜姜，但产季较短，只从 10 月持续至次年 2 月。尽管该国是生姜的主要产国，但生姜种植者难以满足出口的国际标准，最大的挑战是缺乏符合国际标准的加工厂，许多市场更偏爱印度或中国的产品。2010 年以来尼日利亚生姜种植面积稳步增长，单产水平迅速提升，但仅是亚洲平均单产水平的 20% 左右。

3. 美洲

美洲生姜生产主要分布在拉丁美洲和加勒比海附近的岛国。主要生产国家有秘鲁、哥斯达黎加、特立尼达和多巴哥、牙买加、圭亚那、墨西哥。2000 年美国在美洲生姜生产国中排名第三，2003 年后种植面积急剧减少，生姜主要依赖进口，主要进口国是中国。秘鲁从 2007 年开始种植生姜，单产水平在 7 吨/公顷左右，主要生产有机生姜，面向美国市场。牙买加、特立尼达和多巴哥、圭亚那种植生姜主要原因是这些国家的人口中有部分是印裔或非洲黑人，有食用生姜的习惯。墨西哥、哥斯达黎加种植生姜与曾是欧洲列强殖民地有关，生姜从中国传入欧洲后，欧洲气候不适宜种植生姜，墨西哥成为欧洲主要的生姜种植地。

4. 大洋洲

大洋洲生姜生产国主要是斐济。斐济生姜单产水平常年在 34 吨/公顷左右，单产水平世界排名第二，主要原因是气候适宜，英国殖民时期大量印度劳工到斐济，这些人有丰富的生姜种植经验，加上欧洲先进的管理，其产品品质好、产出高。产品除满足国内需求外，还出口澳大利亚等国。斐济生姜受到国际市场肯定，种植面积将进一步扩大。

二、世界生姜国际贸易

（一）世界生姜贸易规模

根据 FAO 数据库统计，2000～2016 年世界生姜出口量由 24.32 万吨增长到 76.94 万吨，增长了 216.40%，平均年增长 7.98%。世界生姜出口额由 1.32 亿美元增长到 6.65 亿美元，增长了 405.56%，平均年增长 11.41%（图 3-4）。出口额增长速度大于出口量增长，生姜产品价格上升。

根据 FAO 数据库统计，世界生姜出口量自 2000 年至 2016 年呈波动增长态势，可分为三个阶段，2000～2003 年稳步增长阶段，2004～2009 年快速增长阶段，2010～2016 年波动增长阶段。2000～2003 年，2010～2016 年出口额与出口量呈相反方向变化，出现量增价减、量减价增的现象。出口量的波动与世界生产总量波动方向相同，世界生产总量的大幅度波动导致出口量相应的波动，生姜供给量突然大幅度下降导致出口价格上升，供给量增加后出口价格恢复。

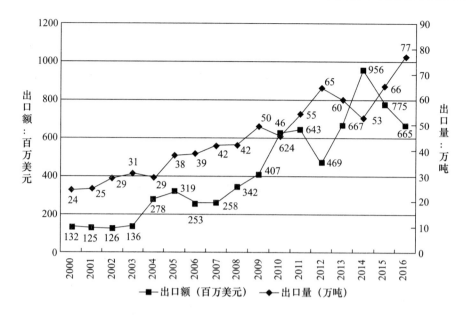

图 3 - 4 2000～2016 年世界生姜出口额与出口量情况

数据来源：联合国粮食及农业组织（FAO）数据库。

（二）世界生姜贸易产品结构

从产品类型看，保鲜姜（未磨姜）出口额增长较快，根据联合国商品贸易统计数据 2012～2016 年由 3.25 亿美元增长到 5.44 亿美元，平均增幅为 10.88%，已磨姜出口额增长速度比未磨姜慢，2012～2016 年由 0.51 亿美元增长到 0.77 亿美元，已磨姜平均增幅为 8.63%。未磨姜占生姜总出口额的 86%～92%，已磨姜占生姜总出口额的 7.99%～13.54%，可见世界生姜贸易以保鲜姜为主（见表 3 - 4）。

表 3 - 4 2012～2016 年世界生姜进出口结构

单位：万美元，%

年份	未磨姜				已磨姜			
	进口额	占比	出口额	占比	进口额	占比	出口额	占比
2012	38759.96	86.44	32468.28	86.46	6080.98	13.56	5084.57	13.54
2013	61270.27	90.21	55690.18	89.60	6646.74	9.79	6464.88	10.40
2014	83807.42	92.10	85949.71	92.01	7185.89	7.90	7459.07	7.99
2015	76382.54	90.43	65606.33	89.47	8083.40	9.57	7720.97	10.53
2016	56685.93	86.82	54413.07	87.61	8606.87	13.18	7692.47	12.39

注：未磨姜与已磨姜仅在 HS2012 分类方法下有编码，数据更新到 2012～2016 年。

数据来源：联合国商品贸易统计数据库。

未磨姜主要进口国有日本、美国、巴基斯坦、荷兰、孟加拉国、沙特阿拉伯、德国、俄罗斯、英国、阿联酋。已磨姜主要进口国有德国、日本、美国、英国、马来西亚、荷兰、法国、加拿大、澳大利亚、南非。欧美国家使用干姜、姜粉较多。

（三）世界生姜贸易区域结构

1. 世界生姜贸易布局

世界生姜贸易市场主要分布在亚洲，其次是欧洲、美洲、非洲。主要出口国家有中国、印度、尼日利亚、荷兰、德国、秘鲁等。中国生姜出口遍布世界各地：日韩、东南亚、南亚、非洲、欧洲、美洲。秘鲁的主要出口市场是美国和欧洲国家。印度的主要出口市场是西班牙、巴基斯坦、尼泊尔、孟加拉国等。尼日利亚主要出口市场是阿联酋、沙特阿拉伯、摩洛哥、德国、印度等国。

世界生姜主要进口市场有美国、荷兰、德国、日本、英国、巴基斯坦、孟加拉国等。大洋洲生姜基本由斐济提供。可见生姜贸易范围广，世界食用生姜的习惯扩散到各大洲，世界生姜需求稳步增长。

2. 世界生姜主要出口国家

2016 年按照出口额排名，世界生姜出口前十位的国家分别是：中国、荷兰、印度、泰国、秘鲁、德国、印度尼西亚、阿联酋、巴西、越南（表 3 - 5、表 3 - 6）。中国始终是世界生产出口第一大国，出口份额常年在 50% 以上。近年来荷兰、秘鲁市场份额上升较快；印度是生姜第二生产、出口大国，长期占据重要地位，本报告对荷兰、秘鲁、印度出口情况进行分析。

表 3 - 5　2000 年、2005 年世界生姜主要出口国家

单位：万美元,%

	2000 年			2005 年		
	国家	出口额	占比	国家	出口额	占比
1	中国	6378.54	50.88	中国	21896.73	72.10
2	泰国	1828.68	14.59	荷兰	1259.09	4.15
3	印度尼西亚	579.74	4.62	印度	1251.49	4.12
4	巴西	560.27	4.47	泰国	1041.29	3.43
5	印度	559.67	4.46	埃塞俄比亚	819.83	2.70
6	荷兰	420.58	3.36	巴西	667.90	2.20
7	尼泊尔	275.94	2.20	斐济	389.60	1.28
8	新加坡	229.81	1.83	阿联酋	368.27	1.21
9	美国	178.02	1.42	德国	331.70	1.09
10	哥斯达黎加	154.35	1.23	美国	285.58	0.94
	世界	13163.2		世界	31917.4	

数据来源：联合国商品贸易统计数据库。

表3-6　2010～2016年世界生姜主要出口国家　　　单位：万美元，%

	2010年			2016年		
	国家	出口额	占比	国家	出口额	占比
1	中国	43460.47	66.33	中国	36945.63	60.05
2	尼日利亚	4841.96	7.39	荷兰	6952.00	11.30
3	荷兰	3356.24	5.12	印度	3771.91	6.13
4	泰国	2867.92	4.38	泰国	2782.90	4.52
5	印度	2387.63	3.64	秘鲁	2496.68	4.06
6	埃塞俄比亚	2058.08	3.14	德国	1111.18	1.81
7	巴西	842.60	1.29	印度尼西亚	1058.08	1.72
8	尼泊尔	459.33	0.70	阿联酋	781.88	1.27
9	英国	427.17	0.65	巴西	698.72	1.14
10	秘鲁	426.48	0.65	越南	591.47	0.96
	世界	62435.2		世界	61522.05	

数据来源：联合国商品贸易统计数据库。

由表3-7可见世界生姜出口集中度均呈现先升后降的趋势，CR_1变化幅度最大，CR_{10}变化幅度最小。世界生姜出口集中在排名前十的国家，十国占有90%以上出口份额，其中中国一国占有60%以上，其他九个国家占有30%左右的市场份额。历年测算结果显示，CR_1下降6个百分点左右，CR_4、CR_{10}下降1个百分点左右，说明世界生姜出口集中度下降，排名前4的国家竞争加剧。

表3-7　世界生姜出口集中度

单位：%

	2000年	2005年	2010年	2016年
CR_1	50.88	72.10	66.33	60.05
CR_4	74.56	83.80	83.22	82.00
CR_{10}	89.06	93.22	93.29	92.96

数据来源：根据联合国商品贸易统计数据库数据计算。

（1）荷兰。

2000～2016年市场份额增长最快的国家是荷兰，出口份额由2000年的3.36%增长到2016年的11.3%，成为世界上第二大生姜出口国家（见表3-5和表3-6）。值得注意的是荷兰由于气候因素不种植生姜，是生姜的进口大国，进口排名世界第四。荷兰从发展中国家进口大量生姜，同时也出口大量生姜及制品到欧洲各国。

2016年荷兰生姜进口额为5651.71万美元，其中未磨姜进口额5217.90万美元，占生姜进口额的92.31%；已磨姜进口额433.81万美元，占生姜进口额的7.69%。荷兰生姜出口额为6952万美元，其中未磨姜出口额6564.09万美元，占生姜出口额的94.42%；已磨姜出口额 387.91 万美元，占生姜出口额的 5.58%。荷兰生姜贸易以未磨姜为主。2016 年荷兰生姜进口量为 48273.68 吨，出口量为 43447.03 吨，净进口量为 4826.64 吨（表 3 - 8）。

表 3 - 8　2016 年荷兰生姜贸易规模

单位：万美元，吨

	进口额	进口量	出口额	出口量	贸易顺差
生姜	5651.71	48273.68	6952.00	43447.03	1300.29
未磨姜	5217.90	47104.54	6564.09	42548.66	1346.19
已磨姜	433.81	1169.14	387.91	898.37	- 45.90

数据来源：UN comtrade。

荷兰生姜主要从中国、秘鲁、尼日利亚、巴西、印度等国进口，其中从中国进口的生姜占其总进口量的 77.58%，占总进口额的 64.63%。排在第二位的是秘鲁，从秘鲁进口的生姜占荷兰生姜总进口量的 5.24%，占总进口额的 9.86%，荷兰从印度进口的生姜进口量仅占 0.86%，但进口额比重为 2.75%，说明印度生姜出口价格非常高。荷兰从中国进口生姜的价格仅为 975 美元/吨，从秘鲁进口生姜价格为 2203 美元/吨，从印度进口生姜的价格为 3748 美元/吨。可见中国生姜主要靠价格优势占据了荷兰市场。

荷兰生姜主要出口到德国、俄罗斯、瑞典、比利时、波兰等欧洲国家。其中向德国出口生姜的出口额占总出口额的 30.21%，是荷兰最大的出口市场。荷兰向德国出口生姜的价格为 2040 美元/吨（见表 3 - 9）。

表 3 - 9　2016 年荷兰生姜进出口国家

单位：万元美，吨，%

	进口额	比重	进口量	比重		出口额	比重	出口量	比重
世界	5651.71	100.0	48273.68	100.0	世界	6952.00	100.0	43447.03	100.0
中国	3652.87	64.63	37453.04	77.58	德国	2100.23	30.21	10294.36	23.69
秘鲁	557.51	9.86	2530.47	5.24	俄罗斯	489.28	7.04	3225.95	7.43
尼日利亚	333.13	5.89	1470.19	3.05	瑞典	412.50	5.93	3207.92	7.38
巴西	280.10	4.96	2744.83	5.69	比利时	406.33	5.84	3060.99	7.05
印度	155.46	2.75	414.76	0.86	波兰	385.79	5.55	2627.06	6.05
比利时	137.63	2.44	694.03	1.44	法国	383.43	5.52	2657.33	6.12
德国	114.86	2.03	492.26	1.02	英国	369.89	5.32	1778.12	4.09
英国	84.57	1.50	416.40	0.86	意大利	301.65	4.34	2075.23	4.78
越南	73.93	1.31	177.97	0.37	奥地利	226.76	3.26	1586.94	3.65
泰国	60.23	1.07	525.87	1.09	丹麦	207.09	2.98	1221.92	2.81
波兰	47.29	0.84	335.05	0.69	挪威	193.54	2.78	837.86	1.93

数据来源：联合国商品贸易统计数据库。

（2）秘鲁。

出口份额增长较快的国家还有秘鲁，秘鲁从 2007 年开始种植生姜，2016 年出口份额排名世界第 5，增长速度惊人。主要原因是秘鲁种植的生姜是有机生姜，外观金黄色，味道浓郁，适合做香料，此外采用了额外的工序，使生姜在到货时不发霉，并保留了良好的外皮。由于这些额外工序，加上科学的规划，秘鲁可以全年供应高品质的生姜。

秘鲁生姜贸易以出口为主，进口量非常小。2016 年秘鲁生姜出口总量为 14829 吨，出口额为 2496.68 万美元。其中未磨姜出口量为 14329 吨，占总出口量的 96.63%；未磨姜出口额为 24053.17 万美元，占总出口额的 96.34%。从出口价格看，秘鲁生姜出口平均价格为 1683.61 美元/吨，其中未磨姜出口价格为 1678.55 美元/吨，已磨姜出口价格为 1828.71 美元/吨。

秘鲁生姜主要出口到美国、荷兰、加拿大、德国、智利、西班牙、墨西哥、意大利、比利时等。秘鲁出口到美国的生姜出口量为 5744 吨，占秘鲁生姜总出口量的 38.74%；出口额为 1165.18 万美元，占秘鲁生姜总出口额的 46.67%。美国是秘鲁生姜最主要的市场。秘鲁生姜出口市场排名第二的是荷兰，向荷兰出口 5665 吨，占秘鲁生姜出口总量的 36.93%；出口额为 921.97 万美元，占秘鲁生姜出口总额的 38.20%。美国和荷兰占据了秘鲁生姜出口市场的 84%（按出口额计算）。

（3）印度。

与此同时，中国、泰国、印度尼西亚、尼泊尔、尼日利亚等国出口份额均有不同程度的下降。发展中国家的印度生姜出口份额反而增加，由 2000 年的 4.46% 增长到 2016 年的 6.13%，2016 年排名第三，主要原因是印度生姜近年来出口价格较高。

2016 年印度生姜出口额为 3771.90 万美元，出口量为 19190.67 吨，世界排名第三，仅次于中国和荷兰。值得注意的是印度生姜进口规模也比较大，2016 年生姜进口 23547.83 吨，比出口量多 4357.16 吨，但生姜贸易顺差 2537.02 万美元。2016 年印度生姜平均出口价格为 1965 美元/吨，其中未磨姜平均出口价格为 1695 美元/吨，已磨姜出口价格为 3310 美元/吨。未磨姜出口额占总出口额的 71.79%，未磨姜出口量占总出口量的 83.25%。未磨姜出口比例低于中国未磨姜出口比例（93%），印度已磨姜贸易比重较高（见表 3 – 10）。

表 3 – 10　2016 年印度生姜贸易规模　　　　　　　单位：万美元，吨

	进口额	进口量	出口额	出口量	贸易顺差
生姜	1234.88	23547.83	3771.90	19190.67	2537.02
未磨姜	1221.25	23539.05	2708.02	15976.75	1486.77
已磨姜	13.63	8.78	1063.88	3213.92	1050.25

数据来源：联合国商品贸易统计数据库。

印度生姜的主要出口市场是西班牙、美国、墨西哥、孟加拉国、沙特阿拉伯、德国、英国、荷兰、埃及、尼泊尔。印度向西班牙的生姜出口量为 2985 吨，出口额为 717.5 万

美元，占印度总出口额的 19% 。印度向美国的生姜出口量为 1443 吨，出口额为 514.2 万美元，占印度总出口额的 13.63% 。从出口市场看，印度对发达市场出口比重较高。

3. 世界生姜主要进口国家

2016 年按照进口金额排名，世界生姜进口排名前十的国家是：日本、美国、巴基斯坦、荷兰、德国、英国、俄罗斯、阿联酋、马来西亚、加拿大，排名前十的国家中 7 个都是发达国家。其中生姜进口份额增长最快的国家是俄罗斯，2005～2010 年增长 56%，2011～2016 年增长 35%，主要从中国和荷兰进口。亚洲国家进口份额迅速下降，其中日本进口额占比由 2000 年的 49.18% 下降到 2016 年的 15.12%（见表 3－11 和表 3－12）。

表 3－11 2000 年、2005 年世界生姜主要进口国家

单位：万美元,%

		2000 年			2005 年	
		进口额	占比		进口额	占比
1	日本	7697.03	49.18	日本	10200.51	33.70
2	美国	1587.52	10.14	美国	3765.97	12.32
3	英国	1533.36	9.80	巴基斯坦	2578.81	8.43
4	荷兰	751.39	4.80	英国	1720.15	5.63
5	加拿大	503.94	3.22	马来西亚	1532.54	5.01
6	沙特阿拉伯	435.89	2.78	荷兰	1410.00	4.61
7	新加坡	424.48	2.71	印度	1131.39	3.70
8	印度	418.08	2.67	德国	1107.50	3.62
9	德国	401.10	2.56	加拿大	859.80	2.81
10	马来西亚	367.16	2.35	阿联酋	847.22	2.77
	世界	15651.80		世界	30575.33	

数据来源：联合国商品贸易统计数据库。

表 3－12 2010 年、2016 年世界生姜主要进口国家

单位：万美元,%

		2010 年			2016 年	
		进口额	占比		进口额	占比
1	日本	9679.48	17.86	日本	9855.17	15.12
2	美国	6882.42	12.70	美国	9269.17	14.22
3	巴基斯坦	4640.73	8.56	巴基斯坦	5934.07	9.11
4	荷兰	4077.01	7.52	荷兰	5651.71	8.67
5	马来西亚	3730.65	6.88	德国	4775.98	7.33
6	英国	3493.28	6.44	英国	3197.73	4.91
7	孟加拉国	3036.27	5.60	俄罗斯	2540.51	3.90
8	德国	2746.30	5.07	阿联酋	2199.79	3.38
9	印度	1781.83	3.29	马来西亚	2184.16	3.35
10	加拿大	1594.42	2.94	加拿大	1662.71	2.55
	世界	54209.58		世界	65171.07	

数据来源：联合国商品贸易统计数据库。

根据进口市场集中度测算结果可见，2000～2016年世界生姜进口市场集中度持续下降。其中 CR_1 下降最多，下降34个百分点，CR_2、CR_3 下降30个百分点，CR_8 下降18个百分点（见表3-13）。说明世界生姜进口集中度下降，生姜贸易格局日益多元。

表3-13　世界生姜进口集中度

单位:%

	2000 年	2005 年	2010 年	2016 年
CR_1	49.18	33.70	17.86	15.12
CR_2	59.32	46.02	30.56	29.34
CR_3	69.12	54.45	39.12	38.45
CR_8	85.30	77.02	70.63	66.64

数据来源：根据联合国商品贸易统计数据库数据计算。

生姜贸易市场的扩散，源于人们对生姜食用习惯的改变。中国各个地区及菜系均使用生姜作调料，甚至山东等地生姜作为菜可炒食。中国生姜的用法不尽相同，炒食、炖汤、药用均有悠久历史。在日本料理中，生姜的用途也是多种多样，有将嫩姜磨成茸涂在鱼或肉上烤食的，有做蘸汁的，有做寿司姜片的，生姜在日本饮食中随处可见。韩国餐饮中很多用到姜，特别是韩国泡菜中必不可少的就是生姜。印度使用生姜制作酸辣酱、腌菜、咖喱，并且制作姜茶帮助消化。

欧美国家是使用干姜和姜粉的主要地区，历史原因使得欧洲一开始使用生姜便是使用干姜，欧美国家喜欢把干姜或者姜粉用在甜食或烘焙制品中，例如法国的姜味面包，英国的姜饼、姜味布丁、德式姜饼、美式姜味酥饼、姜味蛋糕、瑞典姜味饼干，产品多种多样，甚至会用姜酿造饮料，如姜汁汽水和姜汁啤酒，美国出现了每天饮用生姜营养液的新趋势。欧美在生姜加工制品方面走在世界前列。各国使用生姜的方法不尽相同，国际交流日益频繁，特别是世界各地华裔人口增长迅速，饮食文化的互相渗透使得生姜的食用方法越来越多元，用途越来越广泛，从而促进了生姜贸易的增长。

第四章　中国生姜生产与效益

一、中国生姜的起源

中国生姜历史悠久。中国自古栽培生姜，如湖北江陵县战国墓葬中，有出土的姜块，表明战国时代已用姜作为陪葬品了。广西贵港市罗泊湾墓葬（西汉初期）中，也有出土的姜块。仅以考古遗存的文物，便可证明我国种植姜的历史的悠久。西汉司马迁所著《史记》中，有"千畦姜韭其人与千户侯等"的记述，说明在当时，如某人种植一千畦姜，他就相当于一个具有千户农民为其交租的侯爵。由此可见，远在两千年以前，生姜就已经成为一种重要的经济作物了。此后，在《齐民要术》（北魏）、《梦粱录》（宋朝）以及王祯《农书》（元朝）等著作中，对姜的栽培技术措施及销售等方面，都有比较详细的记述。由此可见，随着社会的发展，生姜生产亦在不断发展，到元朝时，生姜种植水平有了很大的进步。

在我国，姜自古盛产于南方，北宋苏颂曾讲："姜以汉温池州者为佳"（汉州即四川成都，温州在浙江，池州即现在的皖南贵池）。到了明代后期，生姜开始向北方扩大栽培，直到清朝时，北方才较普遍引种生姜。中国社会科学院经济研究所陈树平（1984）认为，姜的种植由南方向北方发展，与其自身的经济价值有关。从生姜的栽培历史来看，自古以来，姜就是重要的经济作物，直到近代仍有"姜千畦，藕千陂，利亦比万金之家"的比喻。种植生姜，能满足人民的生活需要，产品销售市场广阔，能够获得良好的经济效益，因此生姜生产能够随社会经济的发展不断发展。

二、中国生姜的生产规模

中国生姜生产的发展可分为四个阶段。①稳定期。1961～1978年中国生姜面积、产量基本保持稳定。②发展期。1978年后生姜种植面积、产量有了第一次增长，1978～1989年生姜种植面积、单产小幅波动增长。③快速发展期。1989年后生姜种植规模有了迅速发展，面积、产量连年快速增长。④波动期。直到2011年出现较大幅度的生产波动，2011～2016年生产波动幅度变大。

2016 年全世界种植生姜面积为 595.6 千公顷，其中中国种植面积为 232.6 千公顷，种植面积占世界总种植面积的 39%；世界生姜产量为 1218.70 万吨，中国生姜产量为 938 万吨，占世界总产量的 76.97%。中国是世界生姜生产、消费、出口第一大国。

2008~2016 年，中国生姜种植面积尽管波动很大，但总体呈上升趋势（见图 4-1）。2008 年中国生姜种植面积为 132 千公顷，2008~2010 年中国生姜产量在 532 万~678 万吨之间，市场供不应求，种植面积持续上升，2010 年国内生姜价格达到波峰值，2011 年中国生姜种植面积迅速扩大达到 298.2 千公顷，比 2010 年增长 86.7%。2011 年生姜产量达到 1400 万吨，生姜供应量迅速增加了 106%。产量的迅速提升带来的是生姜价格的迅速下滑，2011 年生姜价持续下降，打击了农民的种植积极性，2013 年随市场价格回升种植面积才开始增长。

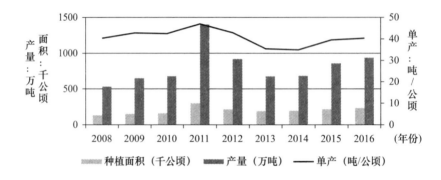

图 4-1　2008~2016 年中国生姜生产情况

中国生姜单产水平世界排名第一，常年在 34.92~46.95 吨/公顷之间（见表 4-1）。单产水平自 2011 年后出现了较大幅度下滑，由 2011 年的 46.95 吨/公顷下降到 2014 年的 34.92 吨/公顷，下降了 25%。生姜单产下降的主要原因是姜瘟病的发生，这种各地区较普遍发生的土传病害，发病率达到 10%~45%，少数发病严重的田块发病率高达 90% 以上。发病地块一般减产 10%~30%，严重的减产 50% 以上，甚至绝产。姜温病多发生在地势低洼、排水不良、大水漫灌、土质黏重、偏施氮肥、病田连作的地块。

表 4-1　2008~2016 年中国生姜生产情况

年份	种植面积（千公顷）	占比（%）	产量（万吨）	占比（%）	单产（吨/公顷）
2008	132.00	37.08	532.00	81.92	40.30
2009	152.00	40.09	650.00	84.34	42.76
2010	159.7	41.12	678.00	83.36	42.45
2011	298.2	52.55	1400.00	87.80	46.95
2012	214.6	39.94	920.00	82.14	42.87
2013	190.6	36.22	675.00	76.66	35.41

年份	种植面积（千公顷）	占比（%）	产量（万吨）	占比（%）	单产（吨/公顷）
2014	195.30	34.88	682.00	75.26	34.92
2015	217.30	37.65	859.00	78.00	39.53
2016	232.60	39.05	938.00	76.97	40.33

数据来源：国家特色蔬菜产业技术体系产业经济研究室根据辽宁省、江苏省、四川省、甘肃省、陕西省、福建省综合试验站问卷，河北省根据河北农村统计年鉴 2011～2015 年数据推算。

三、中国生姜的生产布局

（一）中国生姜主产省份布局

我国是世界上生姜产量最多的国家，生姜分布很广，除东北、西北严寒地区以外，南部和中部，如广东、广西、湖南、湖北、四川、浙江、安徽、云南、贵州、福建、江西、河南、山东、陕西、河北等省区均有种植。其中南方以广东、福建、安徽、湖南和四川等省种植较多。北方山东省栽培面积最大。近年来随着高产、高效农业的发展，辽宁、黑龙江、内蒙古和新疆的部分地区也开始引种试种。2016 年我国生姜生产按照种植面积排名依次是山东、四川、广西、福建、湖南、安徽、河北、陕西。

2016 年生姜种植面积占耕地面积比最大的省份是福建省，福建耕地面积仅 1336.3 千公顷，生姜种植面积为 13.83 千公顷，生姜占比达到 1.03%。其次是山东省，山东生姜种植面积占全省耕地面积的 0.94%。其他省份生姜种植面积占耕地面积比均小于 0.5%（见表 4-2）。

表 4-2 2016 年中国生姜主产省生姜种植面积与耕地面积情况

	生姜种植面积（千公顷）	耕地面积（千公顷）	占比（%）
全国	232.6	134920.5	0.17
山东省	71.87	7606.9	0.94
四川省	16.93	6732.9	0.25
广西壮族自治区	16.87	4395.1	0.38
福建省	13.83	1336.3	1.03
湖南省	12.71	4148.7	0.31
安徽省	5.33	5867.5	0.09
河北省	2.42	6520.5	0.04
陕西省	0.67	3989.5	0.02

数据来源：生姜种植面积国家特色蔬菜产业技术体系产业经济研究室根据辽宁省、江苏省、四川省、甘肃省、陕西省、福建省综合试验站问卷，河北省根据《河北农村统计年鉴》（2011～2015 年）数据推算。耕地面积数据来自《中国农业年鉴》（2017）。

山东省种植面积最大，2016 年达到 71.87 千公顷，占全国生姜种植面积的 30.89%；山东省生姜产量为 482.2 万吨，占全国生姜总产量的 51.41%；单产水平为 67.09 吨/公顷，比全国平均水平高 66%，产量优势明显。山东主栽品种有莱芜大姜、安丘大姜、莱芜片姜、鲁中大姜、山东金昌大姜、山东大姜 1 号、山东大姜 2 号等。除莱芜小姜以外，其他品种产量比较高，露天种植每亩可达 4000 ~ 5000 千克，莱芜大姜实行双膜秋延迟保护栽培的亩产可达 7000 ~ 8000 千克。山东昌邑大姜、莱芜生姜、安丘大姜闻名世界，山东生姜不仅用作调味品，嫩姜还可切丝与肉煸炒作为一道菜食用。2010 ~ 2017 年山东省生姜种植面积由 2010 年的 79.46 千公顷下降到 2013 年 64.8 千公顷，2014 年猛增为 73 千公顷，2015 ~ 2017 年由 68.87 千公顷增加到 72.13 千公顷，近三年生产规模较稳定（见表 4 - 3）。

四川省是我国生姜种植第二大省，2016 年生姜种植面积为 16.93 千公顷，不足山东省的 1/3，种植面积占全国生姜种植面积的 7.28%；产量为 47.4 万吨，占全国总产量的 5.05%；单产水平为 27.99 吨/公顷（见表 4 - 3）。四川以四川竹根姜和绵阳生姜最为出名，每亩产量均在 2500 千克左右。四川省生姜单产远低于山东，主要是品种差异。

广西壮族自治区生姜产量全国排名第二，种植面积排名第三。2010 ~ 2016 年种植面积快速增长，由 4.13 千公顷增长到 16.87 千公顷，增长 308%。单产十分稳定，2010 ~ 2016 年单产水平为 41 吨/公顷左右（见表 4 - 3）。自山东毒生姜事件后，广西、湖南等南方姜大受市场欢迎，广西生姜种植规模迅速扩大，以满足市场需求。

福建省、湖南省、安徽省、河北省、陕西省等省份生姜产量不足全国总产量的 5%，主要供给当地市场。

表 4 - 3　2016 年我国生姜主产省份生产情况

	地区	种植面积（千公顷）	占全国生姜种植面积比（%）	产量（万吨）	占全国生姜产量比（%）	单产（吨/公顷）
	全国	232.6	100.00	938	100.00	40.33
1	山东省	71.87	30.90	482.2	51.41	67.09
2	四川省	16.93	7.28	47.4	5.05	28.00
3	广西壮族自治区	16.87	7.25	69.58	7.42	41.24
4	福建省	13.83	5.95	31.05	3.31	22.45
5	湖南省	12.71	5.46	40.03	4.27	31.49
6	安徽省	5.33	2.29	25.00	2.67	46.90
7	河北省	2.42	1.04	16.57	1.77	68.47
8	陕西省	0.67	0.29	3.00	0.32	44.78

数据来源：辽宁省、江苏省、四川省、甘肃省、陕西省、福建省来源于综合试验站问卷数据，河北省根据《河北农村统计年鉴》（2011 ~ 2015 年）数据推算。

（二）中国生姜生产集中度

生姜种植面积、产量生产集中度都非常高，区域性最强，专业性强。2016 年全国生姜总种植面积为 232.6 千公顷，排名前 4 位主产省份种植面积总和为 119.5 千公顷，分别是山东省、四川省、广西壮族自治区和福建省，测算的 CR_4 数值为 51.38%，CR_1 为 30.90%，说明全国生姜生产布局具有很强的区域特性（见表 4-4）。

表 4-4　2016 年全国生姜生产集中度（种植面积）

单位：千公顷,%

排名前 4 的省份	排名前 4 位省份生姜种植面积	排名前 n 位省份生姜种植面积总和	全国种植面积	CR_4 数值
1. 山东省	71.87	71.87		
2. 四川省	16.93	88.80	232.60	51.38
3. 广西壮族自治区	16.87	105.67		
4. 福建省	13.83	119.50		

数据来源：国家特色蔬菜产业技术体系产业经济研究室根据各地问卷数据整理计算。

2016 年全国生姜总产量为 938 万吨，排名前 4 位主产省份产量总和为 639.21 万吨，测算的 CR_4 数值为 67.19%，CR_1 为 51.41%，山东省生姜产量占全国产量一半以上。产量集中度远远高于种植面积集中度，主产省份产量优势明显（见表 4-5）。

表 4-5　2016 年全国生姜生产集中度（产量）

单位：万吨,%

排名前 4 的省份	排名前 4 位省份生姜产量	排名前 n 位省份生姜产量总和	全国总产量	CR_4 数值
1. 山东省	482.20	482.20		
2. 广西壮族自治区	69.58	551.78	938.00	67.19
3. 四川省	47.40	599.18		
4. 湖南省	40.03	639.21		

数据来源：国家特色蔬菜产业技术体系产业经济研究室根据各地问卷数据整理计算。

（三）中国生姜主要生产基地

中国生姜种植面积超过 5 万亩的县域生产基地全部在山东省：山东省安丘市（20 万亩左右）、山东省莱芜市（15 万亩左右）、山东省昌邑市（7 万亩左右）、山东省莱州市（7 万亩左右）和山东省宁阳县（6 万亩左右）。山东省外最大的生姜种植基地的面积在 4 万亩左右，例如河南省平鲁山（4.5 万亩）、湖南省双牌县（4.17 万亩）等（见表 4-6）。

表 4-6 2016 年中国生姜主要生产基地

序号	县（市、区）	面积（千公顷）	产量（万吨）	单产（吨/公顷）
1	山东省安丘市	12.78	124.56	97.50
2	山东省莱芜市莱城区	5.35	30.51	57.00
3	山东省昌邑市	5.27	42.29	80.30
2	山东省莱州市	4.72	30.03	63.62
4	山东省宁阳县	4.13	24.80	60.00
5	山东省平度市	3.69	25.29	68.45
6	山东省沂水县	3.49	20.93	60.00
7	山东省乳山市	3.33	20.00	60.00
8	山东省莒县	3.27	13.30	40.71
9	山东省昌乐县	3.10	20.91	67.50
10	河南省平鲁山县	3.00	—	—
11	湖南省双牌县	2.78		
12	山东省莱芜市钢城区	2.65	15.12	57.00

数据来源：2017 年 9 月国家特色蔬菜产业技术体系产业经济室调研。

1. 山东安丘大姜种植基地

规模：安丘市是山东省重要的优质大姜产区，2016 年种植面积为 191625 亩，产量为 1245585 吨。安丘大姜除在我国南方、东北等地的大中城市销售外，还远销日本、韩国、东南亚等国家和地区，目前在国内外销售的安丘大姜已占到全市总产量的 90% 以上。

特色：安丘种植大姜已有数百年历史，以白芬子大姜为佳，产品色泽鲜艳，结构紧密，辣而清香，块大丝少，颇具盛名。安丘大姜采用了黑膜覆盖、立体种植、间作套种、测土地配方施肥等十多项农业新技术。

"安丘模式"确保农产品质量安全。健全组织领导体系，实现管理无盲区。健全质量标准体系，实现生产标准化。目前，已制定安丘大姜、安丘大葱、安丘肉鸡等六大类标准综合体，农业操作规程 33 个，生产技术标准 200 多个。健全控制管理体系，实现投入无违禁。健全检验检测体系，实现检测全覆盖。健全查询追溯体系，实现监管数字化。安丘市以发展安全、优质、高效、品牌农业为目标，在全国率先提出并实施了农产品质量安全区域化管理，被国家有关部委确定为"安丘模式"在全省、全国推广。2000 年安丘市获得"国家级生姜栽培标准化示范区"合格证书。为保护安丘大姜产业发展壮大，2006 年，安丘市人民政府向山东省质量技术监督局提交了《关于申请给予安丘大姜地理标志产品保护的函》，2006 年国家质量监督检验检疫总局经过审查后发出公告，同意安丘大姜为国家地理标志产品。安丘大姜进入 2013 年度全国名特优新农产品名录。

2. 山东莱芜生姜种植基地

规模：莱芜市生姜的种植基地集中在莱城区寨里、羊里、杨庄、大王庄、雪野、高庄、牛泉等七乡镇，2015～2017 年种植面积保持在 15 万亩，总产量稳中有升，2015 年总产量为45.2万吨，2016年为46.2万吨，2017年为45.8万吨。商品量稳步上升，由42.6万吨上升到43.5万吨，省外销量占总商品量的83%~85%。

特色：生姜是莱芜的传统农产品和特色农产品，距今已有两千多年的种植历史，素以姜块肥大、皮薄丝少、辣浓味美、色泽鲜润、耐储存著称。主要栽培模式有：普通地膜覆盖栽培模式、"一膜一网"栽培模式、"双膜一网"栽培模式、大拱棚生姜栽培模式。

品牌化发展，标准化生产。1960年2月，全国"姜蒜葱规划会议"在莱芜召开。1997年，莱芜被命名为"中国生姜之乡"。2003年，莱芜生姜获得国家质检总局原产地标记注册。2008年，莱芜生姜获得国家工商总局的地理标志证明商标，并成为奥运会唯一专供生姜产品。2011年被评为"到山东不可不买的100种旅游产品"之一，并名列榜首，2017年通过农业部农产品地理标志登记。为了夯实生姜产品品牌化基础，莱芜市在全省率先实施出口农产品绿卡行动计划，实行全过程的生产质量安全控制，其中，《出口姜蒜良好农业操作规范（GAP）》属国内首创，并于2007年由山东省质监局颁布成为全省的出口姜蒜种植标准，2008年被国家命名为全国出口生姜大蒜种植标准。参与编制了中华人民共和国农业行业标准《植物新品种特异性、一致性和稳定性测试指南 姜》（NY/T2505-2013）。10家企业通过欧盟GAP认证，20家企业通过中国GAP认证，60家企业通过亚洲食品卫生安全控制（HACCP）认证。全市生姜品牌达到30余个，"莱芜姜，保健康"成为家喻户晓的知名品牌，"莱芜生姜"先后被评为全国果菜产业十大最具影响力地标品牌，全国十佳蔬菜地标品牌，山东省首批知名农产品区域公用品牌，品牌价值经评估达到123.66亿元，按照品牌贴标销售或品牌运作的占30%以上。

3. 山东昌邑大姜种植基地

生姜是昌邑市的主要经济作物之一，种植历史已达500余年。昌邑大姜为地理标志证明商标、农产品地理标志产品、进入2017年度全国名特优新农产品名录。

规模：2016年昌邑大姜面积为7.9万亩，年产量为42.29万吨。

特色：昌邑位于山东省潍坊市，昌邑大姜被称为大姜价格走向标。依托昌邑宏大生姜市场建设中国·昌邑生姜指数，实时发布市场动态、价格指数、价格行情、供求信息等。长期以来大姜生产主要为人工作业，劳动强度大，生产效率低，多为小面积零星种植，难以形成规模化生产。自2005年以来，昌邑市根据大姜的生长及生理特性，加强了农机与农艺的相互融合，对大姜生产的关键环节所需机具进行了研发与改进，使大姜生产基本实现了机械化作业。目前，昌邑市大姜种植，其耕地、开沟、培土作业已全部实现机械化，收获作业机械化已达46%。

4. 山东莱州大姜种植基地

据史料记载，莱州大姜的种植自明朝洪武年间就已开始，迄今已有500多年的栽培历史。

规模：2010年底，莱州全市大姜种植面积已达5万多亩，年总产量达30万吨左右，其中，年出口量十多万吨，成为莱州重要的农产品出口创汇收入来源。2016年莱州市生姜种植面积达7.08万亩，产量为30万吨。

特色：莱州肥沃的土质、适宜的气候环境和科学的栽培技术使莱州大姜具有"肉质肥厚姜块大、颜色鲜黄有光泽、辛辣适中口感好"的特定品质，在国内外市场享有较高的知名度。2016年9月莱州市大姜批发市场正式营业，批发市场占地30多亩建设储姜厂房，内设13条高标准洗姜生产线。

5. 山东平度大姜种植基地

蟠桃大姜是山东省平度市特产。原产于该县蟠桃镇蟠桃山一带，因产地得名。蟠桃山位于平度市以北8公里处。早在清代，当地农民就开始种植大姜了。1996年3月，原蟠桃镇（后部分划归李园街道）被正式命名为"中国蟠桃大姜之乡"。蟠桃大姜为地理标志保护产品、农产品地理标志产品。入选2017年度全国名特优新农产品名录。

规模：2016年平度大姜种植面积为5.54万亩，产量为25.29万吨。

特色：蟠桃大姜以块大皮薄、色泽鲜亮、丝少肉细、辣浓味美、营养丰富、耐储藏等优良特性而驰名中外，兼有食用和药用双重价值。蟠桃大姜不仅畅销中国各地，而且运销美国、日本、加拿大、荷兰、法国、韩国等40多个国家和地区。

6. 山东沂水生姜种植基地

沂水生姜也叫尉丰生姜，在山东沂水县栽培已有300多年历史。生姜一直都是沂水县的优势产业之一。

规模：2016年沂水种植生姜5.23万亩左右，总产量为20.9万吨。近几年全县年产生姜28万吨左右，年产值为14亿元左右。分布在姚店子镇、许家湖镇、院东头乡、沂水镇、官庄乡、黄山铺镇、杨庄镇、龙家圈乡、四十堡镇等19个乡镇。

特色：沂水生姜外形美观，块大，肉淡黄色，肉质细嫩，辛香味浓，味道纯正，耐储运。中国国家农产品地理标志产品。目前全县共有生姜专业合作社49家，从事生姜加工的龙头企业22家，其中，有自营出口权的企业为13家，获进口国认证的企业为3家；依托合作社、龙头企业建立核心示范基地13处、面积为3.2万亩，通过了"沂蒙牌"无公害生姜、"沂强牌"生姜绿色食品和"沂水生姜"国家地理标志保护认证；年加工出口生姜20万吨，创汇4000多万美元，产品远销欧盟、韩国、日本、新加坡、印度尼西亚、马来西业等十余个国家和地区。其中许家湖、院东头两个镇常年面积稳定在5万亩左右，农民收入的60%以上来源于生姜产业。

7. 山东乳山市生姜种植基地

乳山市栽培历史较短，仅有四十余年，20世纪60年代，由白沙滩镇曹家庄村首先引进并试种，以后面积逐渐扩大。特别是80年代后期，大姜面积发展较快。乳山大姜为地理标志证明商标。进入2017年度全国名特优新农产品名录。

规模：2016年乳山市生姜种植面积为5万亩，产量为20万吨。

特色：乳山大姜姜体肥胖，色泽金黄，含粗纤维少，深受广大消费者的青睐，产品主要销往广东、深圳等南方大城市，同时出口到美国、欧洲等国家和地区。2001年白沙滩大姜注册了"金海岸"商标，并通过了山东省农业厅农产品无公害生产标准，为大姜走上国际市场奠定了良好的基础。大姜产业的发展，也带动了大姜加工业的发展，2005年

"乳山银金食品有限公司"在乳山成立，公司每年可加工出口大姜65000多吨，产品主要销往美国、加拿大等欧美国家和地区，拉动了当地经济的发展。2001年，乳山大姜协会成立，标志着乳山市的大姜生产进入了一个新的发展阶段。目前乳山市拥有大姜批发市场三处，年交易量为50000多吨。

8. 山东莒县生姜种植基地

规模：莒县大姜主要分布在峤山、桑园、龙山、店子集、洛河、寨里河、棋山等山丘乡镇，常年种植面积为5万亩左右，总产为15万吨左右。2016年莒县生姜种植面积为4.9万亩，产量为13.3万吨。

特色：莒县大姜色金黄，皮薄块大，肉皮鲜嫩，粗纤维较少，辛辣适中，姜味浓郁，深受国内外客户的青睐。莒县大姜主要以峤山镇为生产收储和加工流通集散地，带动全县大姜种植的生产，并辐射到周边日照、莒南、沂南、沂水、五连等周边县市。2010年出口量达到5万吨，年出口额超过3000万美元。经调查莒县保鲜出口大姜数量占山东出口量的20%。主产区峤山镇的地理标志产品"莒县大姜"，于2010年顺利获得国家工商总局商标局的注册，成为日照市继"日照绿茶"之后获得的第二个地理标志证明商标。莒县大姜远销到欧洲、美国、日本、韩国、新加坡、非洲等地，大姜产业的发展成为促进农民增收、企业增效的重要渠道。截至目前，先后有120家大姜加工企业在峤山落户，其中，有自营进出口的企业12处，境外独资企业3家。莒县华腾有机生姜有限公司在美国、日照兴达食品有限公司在新加坡和荷兰设立了分公司。为了把大姜种植加工这一传统产业做大做强，峤山镇党委政府积极引导，建立了占地近1000亩的大姜加工出品示范园区。

9. 重庆罗盘山生姜种植基地

罗盘山生姜驰名古今，据《县志》记载：罗盘山生姜在唐朝被列为贡品。罗盘山生姜为农产品地理标志产品。入选2013年度全国名特优新农产品名录。

规模：种植面积达到4.5万亩，年产量达到10万吨。

特色：罗盘山生姜形如手掌、姜指长，皮白肉淡黄，表面光洁晶莹，脆嫩微辣，香鲜味浓。有"甜香辛辣九山姜，赛过远近十八乡，嫩如冬笋甜似藕，一家炒菜满村香"之美传。罗盘山生姜远销东南亚国家和港澳地区。潼南罗盘山生姜产地环境符合《无公害食品蔬菜产地环境条件》（NY5010 - 2002）的规定。产品质量符合《无公害食品生姜》标准。

10. 湖南双牌县生姜种植基地

生姜在双牌县种植已逾千年历史，双牌山区姜农经过千百年来的山地种植和精心选育，形成了适合山坡地栽培的一个地方特色品种——双牌虎爪姜。

规模：1993年，县委、县政府把发展生姜产业作为全县农业产业结构调整的重要举措来抓，号召全县人民种植生姜，当年全县生姜种植面积达到7万亩，创全县生姜种植历史最高纪录。2015年全县生姜种植总面积为3万多亩，亩产量在3500千克以上。其中上梧江乡种植总面积为1.2万亩，江村镇种植为0.6万亩，塘底乡种植0.4万亩，尚仁里种植0.25万亩，永江种植0.2万亩，何家洞、麻江、泷泊等其他乡镇种植面积共约0.35万亩。2016 年双牌县种植生姜 4.17 万亩。

特色：双牌虎爪姜种植模式主要是山坡地林隙间作，即在林木砍伐后，通过烧山整地，在林地种植杉苗，再在杉苗间种生姜；生姜收获后，杉苗迅速生长，20 年后砍伐杉木，再垦荒造林间作生姜。

文化典故：双牌虎爪姜在双牌种植已有千年，据上梧江瑶族乡乡志记载，"自先祖始居，便种生姜"。在千年的种植过程中成形了浓厚的农耕文化。民间也流传着许多与生姜有关的神秘故事。

四、生姜生产成本与收益分析

生姜种植大部分是一家一户分散生产，栽培模式主要是露地栽培，间作、轮作等模式还不普遍，多数仍以生姜连作为主。

（一）全国生姜生产成本与收益

全国生姜每亩产量 2016 年为 3401.77 千克，2017 年为 2824.22 千克，每亩产量降低了 16.98%。2016 年现金收益为 7099.16 元，2017 年下降为 6357.82 元，降低了 10.44%。每 50 千克主产品平均出售价格（生产者价格）上升 2.73%，每亩主产品产值降低 14.71%。由此可见，2017 年产量下降，生产者价格上升，导致 2017 年生姜生产者现金收益下降（见表 4-7）。

要素投入方面，2017 年较 2016 年物质与服务费用、雇工费用有所下降，土地成本略有上升。2017 年每亩物质与服务费用降低 18.18%，每亩雇工费用下降 23.04%，每亩土地流转租金上升 0.79%。物质与服务费用中化肥费显著降低，每亩化肥费降低 30.71%。

表 4-7　2016~2017 年生姜全国生产成本与收益情况

	2016 年	2017 年
每亩主产品产量（千克）	3401.77	2824.22
每亩主产品产值（元）	14717.30	12552.30
每亩现金成本收益率（%）	93.19	102.64
每亩现金收益（元）	7099.16	6357.82
每亩现金成本（元）	7618.13	6194.48
每亩物质与服务费用（元）	4586.57	3752.72
每亩雇工费用（元）	2576.04	1982.65
每亩土地流转租金（元）	455.53	459.12
每 50 千克主产品平均出售价格（元）	216.32	222.23

数据来源：2017 年 12 月国家特色蔬菜产业技术体系产业经济室及各基地调研整理。2016 年有效样本容量 51，2017 年有效样本容量 53。

（二）不同片区生姜成本与收益

本次问卷调查中，黄淮海片区问卷来自莱芜试验站，代表山东省生姜生产情况；中南片区问卷来自湘西和武汉试验站，代表湖南省和湖北省生姜生产情况（见表4-8）。

表4-8 2017年主要片区生姜的成本与收益

调查内容	全国	黄淮海片区（山东）	中南片区（湖南、湖北）
每亩主产品产量（千克）	2824.22	5077.78	2715.33
每亩主产品产值（元）	12552.30	18114.44	12225.96
每亩现金成本收益率（％）	102.64	100.07	129.13
每亩现金收益（元）	6357.82	9060.42	6890.14
每亩现金成本（元）	6194.48	9054.02	5335.83
每亩物质与服务费用（元）	3752.72	5977.99	3151.16
每亩每亩雇工费用（元）	1982.65	2228.25	2026.00
每亩土地流转租金（元）	459.12	847.78	158.67
每50千克主产品平均出售价格（元）	222.23	178.37	225.13

数据来源：2017年9月国家特色蔬菜产业技术体系产业经济室及各基地调研整理。黄淮海片区有效样本容量27，中南片区有效样本容量50。

山东省是生姜主要产区，种植面积占全国生姜种植面积的31%，产量占51%，排名第二的广西壮族自治区生姜产量是山东省的14.43%。因此中国生姜生产方面山东最具代表性。湖南省、湖北省生姜种植面积小，但独具地方特色的产品有稳定消费群体，形成了一批生姜品牌。

山东省是生姜的生产大省，全国面积排名前五的生姜生产基地均在山东。安丘常年种植20万亩，莱芜莱城区常年种植15万亩，是全国县域栽培面积最大的生姜种植基地。从产出水平看，黄淮海片区每亩平均产量为5077.78千克，中南片区为2715.33千克，黄淮海片区比中南片区高87%，产量优势明显。

从产品价格看，黄淮海片区每50千克产品平均出售价格为178.37元，中南片区为225.13元，黄淮海片区比中南片区低20.77%，产品价格低导致每亩现金成本收益率比中南片区低。由于产量优势明显，黄淮海片区每亩现金收益为9060.42元，中南片区每亩现金收益为6890.14元。黄淮海片区比中南片区高31.50%

从要素投入看，黄淮海片区要素投入高，每亩物质与服务费用比中南片区高89.71%，每亩土地流转租金比中南片区高434.3%，雇工费用差距不大。黄淮海片区经济作物种植面积大，土地作为生产要素较为稀缺，因此土地流转租金明显高于中南片区。黄淮海片区物质与服务费用显著高于中南片区，主要是由于各类肥料、农药、机械作业等方面投入高导致的。

（三）特色主产区成本收益

特色主产区典型农户成本收益（长期种植的农户）。从每亩产量看，山东省亩产和物质与服务费用最高，山东安丘亩产高达 5500 千克/亩。各特色产区的物质与服务费用在 3400 ~ 6000 元；人工在平均成本在 3000 元左右；土地成本在 1000 元左右；农民的现金收益最低为 11600 元，现金收益最高为 22600 元。同一时间段，各地不同品种生姜价格差别很大，最高为 10 元/千克，最低为 5.2 元/千克（见表 4-9）。

表 4-9　2017 年生姜特色主产区（农户）的成本与收益

调查内容	单位	安徽铜陵	四川麻柳	山东莱芜	山东安丘
一、每亩成本与收益					
1. 每亩主产品产量	千克	1500	4000	4500	5500
2. 总产值	元	15000	36000	23400	28600
3. 平均出售价格	元/千克	10	9	5.2	5.2
4. 总成本	元	7450	8100	9950	10500
5. 净产值	元	7700	31900	17450	22600
6. 纯收益	元	7600	27900	13500	18100
7. 成本纯收益率	%	102	344	135	172
8. 现金成本	元	3450	6100	5950	6000
9. 现金收益	元	11550	29900	17450	22600
二、每亩物质与服务费用	元	3400	4100	5950	6000
三、每亩人工成本	元	3000	2800	3000	3500
四、每亩土地成本	元	1000	1200	1000	1000

数据来源：国家特色蔬菜产业技术体系产业经济室根据对合肥综合试验站、成都综合试验站、莱芜综合试验站的调查问卷整理所得。

根据调查数据整理发现，特色主产区农户种植生姜的平均成本纯收益率为 188.34%，平均总成本为 9000 元，种植平均现金成本为 5375 元。即生产一千克的生姜，平均总成本为 2.32 元/千克，平均现金成本为 1.39 元/千克。比较发现特色主产区农户种植生姜与全国平均水平比较，特色主产区的成本收益率更高，优势明显。

（四）生姜与大宗蔬菜成本收益比较分析

生姜以露地种植为主，与其他露地大宗蔬菜种植的成本与收益进行比较，发现 2016 年生姜是产值、现金收益、现金成本、物质与服务费用、平均出售价格最高的蔬菜（见表 4-10）。

表 4-10　2016 年生姜与露地大宗蔬菜成本收益比较

单位：千克，元

	每亩产品产量	每亩产品产值	每亩现金收益	每亩现金成本	每亩物质与服务费用	每 50 千克主产品平均出售价格
生姜	3401.77	14717.30	7099.16	7618.13	4586.57	216.32
露地西红柿	3417.24	6841.44	4571.94	2269.50	1437.12	100.10

	每亩产品产量	每亩产品产值	每亩现金收益	每亩现金成本	每亩物质与服务费用	每50千克主产品平均出售价格
露地黄瓜	3332.32	6212.08	3964.90	2247.18	1423.83	93.21
露地茄子	2962.37	5482.40	3108.90	2373.50	1760.82	92.53
露地菜椒	2217.72	5123.58	2839.12	2284.46	1664.33	115.51
露地圆白菜	3166.47	3761.12	2101.74	1659.48	984.76	59.39
露地大白菜	3732.19	3452.55	1974.61	1477.94	855.71	46.25
露地马铃薯	1510.42	1800.18	1058.50	743.05	631.47	59.59

数据来源：2017年12月国家特色蔬菜产业技术体系产业经济室与各基地调研；《全国农产品成本收益资料汇编2017》。

生姜每亩产量为3401.77千克，仅低于露地大白菜和露地西红柿。露地西红柿是露地大宗蔬菜中产值最高的蔬菜，生姜每亩产值为14717.30元，是露地西红柿的两倍之多，源于生姜平均出售价格比其他蔬菜都高，是西红柿的2.16倍。种植生姜每亩现金收益为7099.16元，是种植露地西红柿的1.55倍，可见生姜种植效益高。

从要素投入看，种植生姜每亩现金成本为7618.13元，是其他露地蔬菜的3~10倍。从人工投入看，生姜每亩雇工费用为2576.04元，其他蔬菜雇工费用在80~900元之间。从物质与服务投入看，生姜每亩物质与服务费用为4586.57元，比露地大宗蔬菜中物质与服务费用最高的露地茄子（1760元）高160.48%。

由此可见，生姜具有高投入、高产出、高效益的特点。在生姜种植设施设备、社会服务等方面需要加大投入，以降低生姜生产成本。

（五）小结

综上所述，物质服务费和人工费是生姜总成本的主要构成要素，在物质服务费用中，种子、化肥占比重很大，所以为了控制总成本，就要合理控制种子和化肥的使用效率，加强种质资源的研究，建立标准化安全生产基地。同时，也要注意到，近年来人工成本急速上升，对人力的合理利用也是控制成本的有效办法，推行机械化作业刻不容缓。与其他蔬菜的成本收益相比，生姜具有明显的高投入、高产出、高效益的特征。

第五章 中国生姜国际贸易

一、中国生姜国际贸易规模

生姜是中国重要的出口创汇蔬菜，在世界生姜生产、贸易中占有绝对主导优势，生姜出口量和出口额多年位居世界第一，生姜出口额占世界生姜出口额的 60% 左右。近年来中国生姜出口量上升而出口额下降，频繁出现"增量不增收"，出口价格大幅度波动，价格优势减弱，国际竞争力下降。

（一）中国生姜进口规模

中国生姜进口量、进口额非常小。2000 年中国生姜进口量为 201 万吨，进口额为 7.16 万美元。2016 年中国生姜进口量为 63.28 万吨，进口额为 22.54 万美元。进口额与进口量波动剧烈，进口额有上升趋势。进口额占出口额的比重在 0.051% ~ 0.48% 之间，可见中国生姜进口非常少（表 5 - 1）。

表 5 - 1　中国生姜进口规模　　　　　　单位：万吨，万美元

年份	进口量	进口额
2000	201.33	7.17
2001	194.07	10.73
2002	85.62	9.34
2003	70.30	6.25
2004	1073.66	52.44
2005	2670.95	106.16
2006	146.28	15.21
2007	62.50	14.39
2008	91.94	7.70
2009	781.61	34.11
2010	2060.75	116.15

续表

年份	进口量	进口额
2011	319.79	54.04
2012	1510.60	58.28
2013	26.60	20.37
2014	487.22	67.63
2015	91.13	13.73
2016	63.28	22.54

数据来源：联合国商品贸易统计数据库。

（二）中国生姜出口规模

2000 年中国生姜出口总量为 15.38 万吨，2016 年达到最高值 53.77 万吨，2016 年中国生姜出口量占全国生姜总产量（1281.71 万吨）的 5.73%，排名世界第一。2000 年中国生姜出口总额为 0.64 亿美元，2017 年增长到 4.28 亿美元，增长 568%。2000～2017 年中国生姜出口量与出口额呈波动上升态势，2000～2010 年出口额快速上升，2011 年后出现较大幅度波动，与出口量呈反方向波动（见表 5-2）。

表 5-2　2000～2016 年中国生姜出口量与出口额

单位：万吨，亿美元,%

年份	出口量	比上年增长	出口额	比上年增长
2000	15.38	—	0.64	—
2001	17.42	13.21	0.73	15.11
2002	19.75	13.41	0.72	-1.71
2003	22.39	13.35	0.81	12.61
2004	18.84	-15.87	1.91	134.58
2005	23.99	27.37	2.19	14.86
2006	28.04	16.85	1.68	-23.21
2007	27.33	-2.52	1.53	-8.83
2008	26.58	-2.77	2.12	38.31
2009	34.01	27.96	2.82	32.88
2010	29.99	-11.83	4.35	54.26
2011	40.88	36.35	4.10	-5.78
2012	44.81	9.59	2.62	-36.08
2013	38.01	-15.16	4.00	52.79
2014	26.17	-31.15	5.12	28.10
2015	42.20	61.26	4.48	-12.58
2016	53.77	27.41	3.70	-17.49
2017	45.45	-15.47	4.28	16.00

数据来源：联合国商品贸易统计数据库。

由图 5 - 1 可见，中国生姜出口额增长分为三个阶段：2000 ~ 2003 年缓慢增长期，2003 ~ 2010 年快速增长期，2011 ~ 2016 年波动期。中国生姜出口额与世界生姜进口额变化趋势基本一致，说明中国在生姜产品贸易中具有重要地位。

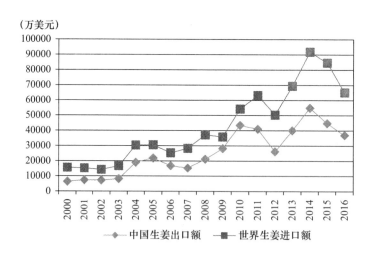

图 5 - 1　中国生姜出口额与世界生姜进口额变化

数据来源：联合国商品贸易统计数据库。

二、中国生姜出口结构

从需求角度看，需求向多元化、高级化发展。中国素有食姜的饮食习惯，生姜作为调料是日常饮食必备，需求弹性较小。中国人口增长趋缓，国内生姜的菜用需求基本稳定。近年来随生活水平的提高，生姜的保健功能被广泛认可，生姜加工品的需求增长较快，例如姜茶、姜粉、姜糖、姜油等。出口市场对有机生姜、各类加工产品的需求高，但中国传统的生产方式难以满足高端市场的标准。

从供给角度看，中国生姜产品结构单一，供需严重错位。中国生姜出口以未磨姜为主，未磨姜出口波动上升，已磨姜出口较为稳定，但出口份额有所下降。中国未磨姜出口占生姜总出口量的 95% 以上（见表 5 - 3）；2012 ~ 2017 年中国已磨姜出口量和出口额均呈缩减的趋势（见表 5 - 4）。2017 年国家环保部门加大了对企业污染的整治，大量生姜生产线、洗姜厂关停，所有燃煤设施需要逐步改为天然气，加工企业面临关键转型期，资金紧张，成本上涨，难以满足市场需求。

中国未磨姜的主要出口国家是荷兰、美国、巴基斯坦、日本、阿联酋、孟加拉国、马来西亚、沙特阿拉伯、越南、英国。根据出口量计算，70% 的未磨姜出口到了发展中国家，30% 的未磨姜出口到了发达国家。按出口量计算，中国未磨姜出口排名前十的国家占81% 。按出口额计算，中国未磨姜出口排名前十的国家占 80%（表 5 - 5）。

表 5 - 3　2012～2017 年中国未磨姜出口情况

单位：万吨，亿美元，%

年份	出口量	占比	比上年增长	出口额	占比	比上年增长
2012	43.15	96.31	—	2.305	88.06	—
2013	36.38	95.70	-15.70	3.695	92.39	60.30
2014	24.95	95.35	-31.41	4.841	94.49	31.02
2015	40.78	96.62	63.41	4.164	92.99	-13.98
2016	52.12	96.94	27.83	3.372	91.26	-19.03
2017	44.09	97.00	-15.41	4.023	93.88	19.34

数据来源：联合国商品贸易统计数据库。

表 5 - 4　2012～2017 年中国已磨姜出口情况

单位：万吨，亿美元，%

年份	出口量	占比	比上年增长	出口额	占比	比上年增长
2012	1.65	3.69	—	0.312	11.94	—
2013	1.63	4.30	-1.17	0.304	7.61	-2.62
2014	1.22	4.65	25.53	0.282	5.51	-7.32
2015	1.43	3.38	17.15	0.314	7.01	11.35
2016	1.65	3.06	15.54	0.323	8.74	2.86
2017	1.36	3.00	-17.24	0.262	6.12	-18.85

数据来源：联合国商品贸易统计数据库。

表 5 - 5　2016 年中国未磨姜主要出口市场

单位：万吨，万美元，%

国家/地区	出口额	占比	国家/地区	出口量	占比
世界	33715.5	—	世界	521220	—
荷兰	4572.1	13.56	巴基斯坦	83223	15.97
美国	3806.2	11.29	孟加拉国	59958	11.50
巴基斯坦	3723.7	11.04	美国	54044	10.37
日本	2903.7	8.61	荷兰	52909	10.15
阿联酋	2816.6	8.35	阿联酋	40601	7.79
孟加拉国	2432.1	7.21	马来西亚	37537	7.20
马来西亚	1945.7	5.77	沙特阿拉伯	30429	5.84
沙特阿拉伯	1616.5	4.79	日本	24770	4.75
越南	1612.9	4.78	越南	23925	4.59
英国	1402.3	4.16	英国	16892	3.24

数据来源：联合国商品贸易统计数据库。

中国已磨姜的主要出口国家是日本、英国、美国、德国、荷兰、比利时、韩国、澳大利亚、法国、阿尔及利亚，以发达国家居多（见表5-6）。日本占已磨姜出口量的46.13%，占出口额的45.64%，出口额与出口量占比基本持平。出口到美国、荷兰、德国的已磨姜出口量占比小于出口额占比，说明出口价格较高。而排名第二的英国，出口量占中国已磨姜出口量的22.36%，出口额仅占10.94%，出口到英国的已磨姜价格非常低。由此可见如果中国提高美国、荷兰、德国已磨姜的出口量，可获得更多利润。按出口量计算，中国已磨姜出口排名前十的国家占94%。按出口额计算，中国已磨姜出口排名前十的国家占92%。

表5-6　2016年中国已磨姜主要出口市场

单位：万美元，万吨，%

	出口额	占比		出口量	占比
世界	3230.20	—	世界	16479.00	—
日本	1474.40	45.64	日本	7601.00	46.13
英国	353.40	10.94	英国	3685.00	22.36
美国	321.40	9.95	美国	1230.00	7.46
荷兰	293.60	9.09	德国	881.00	5.35
德国	277.50	8.59	荷兰	799.00	4.85
韩国	71.80	2.22	比利时	364.00	2.21
澳大利亚	60.50	1.87	韩国	299.00	1.81
瑞士	41.30	1.28	澳大利亚	273.00	1.66
法国	33.50	1.04	法国	205.00	1.24
阿尔及利亚	32.50	1.01	阿尔及利亚	142.00	0.86

数据来源：联合国商品贸易统计数据库。

中国生姜产品同质化竞争现象明显。山东省70%以上的生姜企业从事生姜洗、晾、包装装箱，机械化程度低，以人工为主。加工企业的技术含量低，在国际市场上缺乏竞争力。中国生姜加工业最具代表性的山东省莱芜市，出口产品以保鲜姜为主，约占出口总量的70%，其次为风干姜（15%）、腌渍姜（10%），脱水姜、冷冻姜等其他产品约占5%（见图5-2）。可见生姜出口以保鲜姜出口及初加工为主，精深加工非常少，产品附加值低，难以满足国际市场需求。

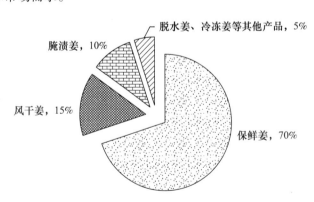

图5-2　山东省莱芜市生姜出口产品结构

数据来源：调研数据。

三、中国生姜出口市场结构变迁

（一）中国出口市场分布变化

2000 年中国生姜出口到 55 个国家或地区，2005 年出口到 73 个国家或地区，2010 年增加到 91 个国家或地区，2015 年达到最大值，为 97 个国家或地区，2016 年下降为 88 个国家或地区。

2000 年中国生姜出口市场主要是日本、美国、巴基斯坦、阿联酋、新加坡，其中，日本占出口额的 50% 左右，出口市场集中度非常高。2005 年日本市场下降，美国增长，欧洲市场增多，英国成为欧洲主要的出口地。到 2010 年随日本市场的进一步下降，中国生姜出口集中度进一步降低，荷兰、德国、加拿大、印度、孟加拉国等市场份额增加。到 2016 年俄罗斯市场增长迅速。中国生姜出口呈扩散趋势，目前主要分布在亚洲、欧洲、美洲。

（二）中国生姜出口市场结构变化

2000 年中国生姜出口前十的国家或地区是日本、美国、巴基斯坦、阿联酋、马来西亚、新加坡、尼泊尔、加拿大、孟加拉国、沙特阿拉伯。中国对日本的生姜出口额为 0.31 亿美元，占中国总出口额的 49.05%，出口量为 6.49 万吨，占中国总出口量的 42.19%，出口日本的生姜价格较高。此外美国、新加坡、加拿大的出口额比重大于出口量比重，说明这些市场的出口价格较高（见表 5 - 7）。

表 5 - 7　2000 年、2005 年、2010 年中国生姜出口市场结构

单位：亿美元，万吨，%

	2000 年					2005 年					2010 年			
	出口额	比重	出口量	比重		出口额	比重	出口量	比重		出口额	比重	出口量	比重
世界	0.64	100	15.38	100	世界	2.19	100	23.99	100	世界	4.35	100	29.99	100
日本	0.31	49.05	6.49	42.19	日本	0.74	33.87	7.14	29.78	日本	0.71	16.27	4.32	14.40
美国	0.06	8.91	1.07	6.98	美国	0.27	12.33	2.65	11.06	美国	0.54	12.32	3.63	12.10
巴基斯坦	0.05	7.09	1.87	12.14	巴基斯坦	0.24	10.98	2.73	11.40	巴基斯坦	0.44	10.11	2.92	9.74
阿联酋	0.03	5.03	0.89	5.77	马来西亚	0.15	6.87	2.21	9.21	马来西亚	0.44	10.06	3.32	11.07
马来西亚	0.02	3.30	0.62	4.02	阿联酋	0.12	5.43	1.34	5.60	阿联酋	0.34	7.83	2.22	7.40
新加坡	0.02	3.01	0.51	3.32	沙特阿拉伯	0.09	4.02	1.10	4.58	孟加拉国	0.31	7.20	2.38	7.95
尼泊尔	0.02	2.88	0.50	3.26	英国	0.09	3.93	1.09	4.20	荷兰	0.26	5.98	1.63	5.43
加拿大	0.02	2.63	0.36	2.35	韩国	0.08	3.60	1.51	6.29	沙特阿拉伯	0.22	5.14	1.79	5.97
孟加拉国	0.02	2.35	0.71	4.59	孟加拉国	0.06	2.77	0.79	3.31	英国	0.21	4.77	1.48	4.93
沙特阿拉伯	0.01	2.33	0.37	2.41	加拿大	0.06	2.69	0.70	2.92	加拿大	0.13	3.01	0.91	3.02

数据来源：联合国商品贸易统计数据库。

2005 年中国生姜出口前十的国家或地区是日本、美国、巴基斯坦、马来西亚、阿联酋、沙特阿拉伯、英国、韩国、孟加拉国、加拿大。日本市场仍是中国生姜出口的第一大市场，出口量由 2000 年的 6.49 万吨上升到 7.14 万吨，但出口量所占比重由 42.19% 下降到 29.78%，这是中国生姜出口规模快速增长造成的。2000~2005 年中国对美国生姜出口量、出口额增长迅速，出口量由 1.07 万吨增长到 2.65 万吨，增长 147%；出口额由 0.06 亿美元增长到 0.27 亿美元，增长 375%，出口额增长比出口量增长速度快。2000~2005 年中国对英国生姜出口规模迅速增长，2005 年中国对英国出口生姜 1.09 万吨，占中国生姜总出口量的 4.2%；出口额为 0.09 亿美元，占中国生姜总出口额的 3.93%（见表 5-7）。

2010 年中国生姜出口排名前十的国家是日本、美国、巴基斯坦、马来西亚、阿联酋、孟加拉国、荷兰、沙特阿拉伯、英国、加拿大。增长最快的国家是荷兰，2010 年荷兰排名第七，中国对荷兰生姜出口额为 0.26 亿美元，比重为 5.98%；出口量为 1.63 万吨，比重为 5.43%。到 2014 年荷兰排名第二，2016 年荷兰跃升为中国生姜出口第一大国。2016 年中国对荷兰生姜出口额为 0.49 亿美元，比重为 13.17%，出口量为 5.37 万吨，比重为 9.99%（见表 5-6）。

荷兰能够跃升为中国生姜出口第一大国的原因一方面是荷兰需求的增长，另一方面是美国、日本市场份额的减少。2014~2016 年，中国对美国生姜出口额由 0.90 亿美元下降到 0.41 亿美元，而出口量由 3.86 万吨增长到 5.53 万吨，说明中国生姜出口美国的价格下滑，导致出口额比重下降（见表 5-8）。中国对日本生姜出口额由 0.66 亿美元下降到 0.44 亿美元，出口量由 2.68 万吨上升到 3.24 万吨，说明中国对日本的生姜出口价格也出现了下滑。

表 5-8　2014~2016 年中国生姜出口市场结构

单位：亿美元，万吨,%

	2014 年					2015 年					2016 年			
	出口额	比重	出口量	比重		出口额	比重	出口量	比重		出口额	比重	出口量	比重
世界	5.49	100	26.17	100	世界	4.48	100	42.20	100	世界	3.69	100	53.77	100
美国	0.90	16.41	3.86	14.75	巴基斯坦	0.55	12.36	6.55	15.52	荷兰	0.49	13.17	5.37	9.99
荷兰	0.76	13.81	3.19	12.19	荷兰	0.54	12.06	4.37	10.36	日本	0.44	11.85	3.24	6.02
日本	0.66	12.10	2.68	10.24	美国	0.54	11.99	4.83	11.45	美国	0.41	11.17	5.53	10.28
阿联酋	0.63	11.53	3.17	12.12	日本	0.50	11.11	2.88	6.83	巴基斯坦	0.37	10.09	8.32	15.48
马来西亚	0.44	7.94	2.36	9.00	阿联酋	0.42	9.28	3.74	8.86	阿联酋	0.28	7.66	4.07	7.56
英国	0.41	7.55	1.76	6.74	马来西亚	0.31	6.85	3.49	8.27	孟加拉国	0.24	6.61	6.00	11.16
沙特阿拉伯	0.36	6.56	1.99	7.59	孟加拉国	0.28	6.36	3.47	8.22	马来西亚	0.19	5.28	3.75	6.98
加拿大	0.26	4.74	1.10	4.22	英国	0.23	5.23	1.94	4.59	英国	0.18	4.75	2.06	3.83
巴基斯坦	0.17	3.11	1.24	4.74	沙特阿拉伯	0.22	4.97	2.66	6.30	越南	0.16	4.45	2.40	4.47
新加坡	0.11	1.96	0.49	1.86	越南	0.13	2.91	1.65	3.90	沙特阿拉伯	0.16	4.38	3.04	5.66

数据来源：联合国商品贸易统计数据库。

2000～2016 年中国生姜出口排名前十的国家占出口额和出口量的比重为 80% 左右，排名十名以后的国家占比均低于 3%，第十一名为 2% 左右，其他国家在 0.01%～0.1% 之间。排名前十的国家所占比重大，对中国生姜出口影响重大。将十个国家按照发展地区和发展中地区进行分类，对比中国生姜出口在两类地区的表现，结果如下：

中国生姜出口额、出口量在发达国家和发展中国家均是呈增长态势。从出口额看，中国生姜在发达国家的出口额由 2000 年的 0.41 亿美元增长到 2016 年的 1.51 亿美元，增长了 268%。与此同时，中国生姜在发展中国家的出口额由 2000 年的 0.15 亿美元增长到 2016 年的 1.42 亿元，增长了 847%。中国对发展中国家出口额增长远快于发达国家。中国对发达国家的生姜出口额比重由 63.59% 下降到 40.94%，说明中国生姜出口市场正在转型。

从出口量看，中国对发达国家的出口量由 2000 年的 8.44 万吨，增长到 2016 年的 16.19 万吨，增长 91.82%。中国对发展中国家的出口量由 2000 年的 4.95 万吨，增长到 2016 年的 27.55 万吨，增长了 457.37%。就出口量的增长看，中国对发展中国家的出口增长远快于发达国家。中国对发达国家的生姜出口量比重由 54.84% 下降到 30.12%（见表 5－9）。

表 5－9 2000～2016 年中国生姜出口发达国家与发展中国家对比

年份	发达国家				平均价格	发展中国家				平均价格
	出口额	比重	出口量	比重		出口额	比重	出口量	比重	
	亿美元	%	万吨	%	美元/吨	亿美元	%	万吨	%	美元/吨
2000	0.41	63.59	8.44	54.84	485.78	0.15	22.99	4.95	32.18	303.03
2005	1.24	56.42	13.02	54.26	952.38	0.66	30.07	8.18	34.10	806.85
2010	1.84	42.35	11.96	39.88	1538.46	1.75	40.33	12.63	42.13	1385.59
2014	3.11	56.58	13.08	49.99	2377.68	1.60	29.14	8.75	33.45	1828.57
2015	1.81	40.38	14.02	33.23	1291.01	1.91	42.72	21.55	51.07	886.31
2016	1.51	40.94	16.19	30.12	932.67	1.42	38.46	27.59	51.31	514.68

数据来源：根据联合国商品贸易统计数据库数据计算。

从出口价格看，中国对两类市场的出口价格都是波动上升态势。2000 年出口到发达国家的平均价格为 485.78 美元/吨，2016 年增长到 932.67 美元/吨，增长了 91%。2000 年出口到发展中国家的平均价格为 303.03 美元/吨，2016 年增长到 514.68 美元/吨，增长了 69.84%. 说明中国生姜在发达国家的出口价格增长更快（见表 5－9）。

四、中国生姜出口集中度变化

出口集中度计算结果显示，出口额集中度和出口量集中度均呈下降态势，CR_1、CR_4、CR_8 均呈下降态势。CR_1 指标，出口额集中度由 2000 年的 49.05% 下降为 2016 年的

13.17%，出口量集中度由 2000 年的 42.19% 下降到 2016 年的 9.99%。CR_4 指标，出口额集中度由 2000 年的 70.08% 下降为 2016 年的 46.28%，出口量集中度由 2000 年的 67.08% 下降到 2016 年的 41.77%。CR_8 指标，出口额集中度由 2000 年的 81.90%，下降为 2016 年的 70.58%，出口量集中度由 2000 年的 80.03% 下降到 2016 年的 71.30%。其中 CR_1 下降最多，出口额集中度下降了 36 个百分点，出口量集中度下降了 32 个百分点。CR_1 和 CR_4 指标中，出口额集中度均高于出口量集中度，而 CR_8 指标中到 2016 年出口额集中度略小于出口量集中度（见表 5 – 10）。

表 5 – 10　中国生姜出口市场集中度测算

单位:%

年份	CR_1		CR_4		CR_8	
	出口额集中度	出口量集中度	出口额集中度	出口量集中度	出口额集中度	出口量集中度
2000	49.05	42.19	70.08	67.08	81.90	80.03
2005	33.87	29.78	64.04	61.45	81.03	82.13
2010	16.27	14.40	48.76	47.31	74.90	74.06
2014	16.41	14.75	53.85	49.29	80.64	76.85
2015	12.36	15.52	47.52	44.16	75.23	74.10
2016	13.17	9.99	46.28	41.77	70.58	71.30

数据来源：根据联合国商品贸易统计数据库计算。

五、中国生姜国际竞争力

国际市场占有率、质量竞争指数、显示性比较优势指标是结果性评价指标，能够直观地显示竞争力。出口价格是解释性指标，对国际竞争力有一定的解释力。本部分根据进出口数据测算 2000 ~ 2016 年主要生姜出口国的国际市场占有率、质量竞争指数、显示性比较优势指标、出口价格。

（一）国际市场占有率（MPR）

市场占有率（MPR）是反映国际竞争力最直接和最简单的实现指标，表明其在国际和国内市场竞争中所具有的竞争实力，它反映了国家竞争力的实现程度。在 WTO 规则下，市场占有率能够反映其国际竞争力的强弱，市场占有率高则国际竞争力就强；反之则弱。中国生姜国际市场占有率在 60% 左右，历年排名第一；2000 ~ 2016 年中国生姜国际市场占有率先升后降，2010 ~ 2016 年市场占有率由 66.33% 下降到 60.05%，说明该时期中国生姜国际竞争力下降。传统种植方式和长年连作造成"姜瘟病""烂皮病"，生姜质量下降、农残超标，2007 年生姜召回事件、2013 年"毒生姜"事件致使很多国家对中国生姜质量安全产生顾虑，以日本、美国为代表的发达国家通过技术壁垒、绿色壁垒限制中国生姜产品的进口。

　　荷兰的主要市场是欧洲发达国家，荷兰的国际市场占有率由 2000 年 3.36% 上升到
2016 年的 11.30%。印度和泰国 2013 年国际市场占有率在 5% 左右，印度国际市场占有率
小幅增长，泰国则呈下降趋势；秘鲁生姜国际市场占有率近年来快速攀升，2016 年达到
4.06%（见表 5 - 11）。

表 5 - 11　主要生姜出口国出口额及国际市场占有率

单位：百万美元,%

国家	2000 年		2005 年		2010 年		2014 年		2015 年		2016 年	
	出口额	比重	出口额	比重	出口额	比重	出口额	比重	出口额	比重	出口额	比重
中国	63.79	50.88	218.97	72.10	434.60	66.33	548.99	56.75	447.80	61.01	369.46	60.05
荷兰	4.21	3.36	12.59	4.14	33.56	5.12	101.30	10.47	67.61	9.21	69.52	11.30
印度	5.60	4.46	12.51	4.68	23.88	3.64	51.19	5.29	48.56	6.62	37.72	6.13
泰国	18.29	14.59	10.41	3.43	28.68	4.38	38.84	4.02	25.68	3.50	28.829	4.52
秘鲁	—	—	0.013	0.00	4.26	0.42	27.24	2.82	22.50	3.07	24.97	4.06
德国	0.85	0.68	3.32	1.09	4.03	0.61	12.81	1.32	11.35	1.55	11.11	1.81
印度尼西亚	5.80	4.62	2.18	0.72	3.47	0.53	49.13	5.08	18.23	2.48	10.58	1.72
巴西	5.60	4.47	6.68	2.20	8.43	1.29	10.46	1.08	10.23	1.39	6.99	1.14
尼日利亚	0.02	0.02	—	—	48.42	7.39	32.61	3.37	—	—	—	—

　　数据来源：根据联合国商品贸易统计数据计算。

（二）贸易竞争指数（TSC）

　　贸易竞争力指数（TSC）可以表明某国生产的某种产品是净进口还是净出口，以及净
进口或净出口的相对规模，从而可以反映某国生产的某种产品相对世界市场上其他国家的
该种产品是处于生产效率的竞争优势还是劣势以及优劣程度。

　　TSC 指数较高的国家是中国、秘鲁、巴西、泰国、尼日利亚。中国多年保持在 0.99
以上；秘鲁、尼日利亚 TSC 值高于 0.9，但进出口额都很小；泰国、巴西 TSC 指数呈下降
趋势，说明泰国、巴西生姜国际竞争力有下降趋势；印度、印度尼西亚 TSC 指数不稳定，
波动幅度较大；荷兰、德国 TSC 指数呈现负值，进口额大于出口额。说明中国相对其他
国家或地区供应生姜产品生产效率较高，具有很强的国际竞争力（见表 5 - 12）。

表 5 - 12　2000 ~ 2016 年主要生姜出口国贸易竞争指数

年份	中国	荷兰	印度	泰国	秘鲁	印度尼西亚	尼日利亚	巴西	德国
2000	0.9977	- 0.3245	0.1595	0.9893	—	0.9509	0.7475	0.9844	- 0.6464
2001	0.9971	—	0.1365	0.9709	0.6000	0.9875	—	0.9901	- 0.6692
2002	0.9974	- 0.2444	0.1672	0.9916	- 0.3333	0.9709		0.9805	- 0.6667

年份	中国	荷兰	印度	泰国	秘鲁	印度尼西亚	尼日利亚	巴西	德国
2003	0.9985	-0.0765	-0.2829	0.9574	0.8462	0.9913	—	0.9552	-0.6249
2004	0.9945	-0.1339	0.2829	0.9115	0.2000	0.9929	—	0.9701	-0.5364
2005	0.9903	-0.1217	-0.0434	0.8361	0.5294	0.6111	—	0.9521	-0.5549
2006	0.9982	-0.0817	0.0836	0.7680	0.6923	0.5513	—	0.9474	-0.5592
2007	0.9981	-0.0066	-0.3129	0.9465	0.9829	0.6925	—	0.9960	-0.6254
2008	0.9993	0.0007	-0.0918	0.9422	0.9956	0.9331	—	0.9451	-0.6231
2009	0.9976	0.0233	0.0747	0.9751	0.9953	0.8042	—	0.9421	-0.6883
2010	0.9947	-0.0826	0.2478	0.8364	0.9962	0.3115	0.9886	0.9457	-0.7440
2011	0.9974	-0.0822	0.5878	0.6732	0.9973	-0.8640	0.3354	0.9066	-0.6837
2012	0.9956	0.0282	0.4894	0.7374	0.9965	-0.8496	0.9820	0.7831	-0.6882
2013	0.9990	-0.0866	0.2593	0.7874	0.9970	0.4311	0.9614	0.9159	-0.6095
2014	0.9975	0.0416	0.4816	0.9071	—	0.9044	0.9782	0.8760	-0.6136
2015	0.9994	-0.0242	0.5182	0.6390	0.9982	0.5062	—	0.8224	-0.5561
2016	0.9988	0.1032	0.5067	0.7307	0.9983	0.9322	—	0.8316	-0.6225

数据来源：根据联合国商品贸易统计数据计算。

（三）显示比较优势指数（RCA）

显示比较优势指数（RCA），是指一个国家某种商品出口占该国商品出口总值的份额与世界该种商品出口占世界商品出口总值的份额之比。RCA 指数下降说明了中国生姜产品出口国际竞争力的下降。2000～2016 年中国生姜 RCA 指数均大于 2.5，具有极强的国际竞争力。但指数呈下降趋势，由 12.8175 下降为 4.4571，中国生姜显示比较优势下降。值得注意的是荷兰、秘鲁、德国 RCA 指数呈上升趋势，虽然市场占有率低，但是显示比较优势不断攀升（见表 5 - 13）。

表 5 - 13　2000～2016 年主要生姜出口国显示比较优势指数

年份	中国	荷兰	印度	泰国	秘鲁	印度尼西亚	尼日利亚	巴西	德国
2000	12.8175	0.9868	6.6165	13.3065	—	4.6732	0.0371	5.0901	0.0772
2001	13.8231	—	5.5541	8.6223	0.0233	3.1232	0.0702	5.2245	0.0695
2002	11.9180	1.1098	5.6837	6.9331	0.0049	3.6974	0.0233	3.2602	0.0759
2003	10.6865	1.3587	3.7282	6.1106	0.0760	3.6574	—	2.4379	0.0924
2004	10.7178	1.4168	3.9768	3.0609	0.0081	3.3772	—	1.8037	0.0887
2005	9.8942	1.2392	4.2937	3.2559	0.0267	0.8742	—	1.9401	0.1169
2006	8.5861	1.6583	4.5703	3.4093	0.0231	0.9318	—	1.9449	0.1397
2007	6.7542	1.8208	3.2980	5.2122	0.6649	0.7703	11.5436	2.1635	0.1101

续表

年份	中国	荷兰	印度	泰国	秘鲁	印度尼西亚	尼日利亚	巴西	德国
2008	4.0724	1.0809	1.5896	4.0646	1.1869	0.8466	3.8354	0.6535	0.0609
2009	7.0492	1.6233	1.9565	4.9173	1.9088	0.8754	7.7460	0.7651	0.0781
2010	6.3724	1.5761	2.5061	3.3970	2.7554	0.5084	12.9395	0.9654	0.0733
2011	5.7614	1.9203	4.8946	3.1039	2.4996	0.1587	8.5101	0.7687	0.1331
2012	4.2250	2.2137	4.9019	3.1528	2.8799	0.2363	20.3247	0.5202	0.1505
2013	4.6107	2.5338	2.0436	3.7206	4.9185	2.0802	26.4991	0.8204	0.1635
2014	4.4841	3.3920	3.0844	3.2651	13.5482	5.3390	6.0639	0.0108	0.1635
2015	4.3360	3.1412	4.0430	2.6808	14.9018	2.6689	—	0.0140	0.1881
2016	4.4571	3.9545	3.6666	3.2971	17.5305	1.8531	—	0.0114	0.2097

数据来源：根据联合国商品贸易统计数据计算。

（四）出口价格

生姜出口价格由低到高依次是印度尼西亚、泰国、中国、巴西、印度、荷兰、秘鲁、尼日利亚和德国。中国生姜出口价格处于较低水平，只有个别年份高于世界平均出口价格，具有较强的价格竞争力。出口价格较低的印度尼西亚、泰国、中国、巴西的出口价格波动明显，出口价格不稳定。2000～2016 年中国生姜出口价格平均值为 835.81 美元/吨，中位数为 797.78 美元/吨，2014 年达到最高价格 2097.72 美元/吨，2002 年达到最低价格362.98 美元/吨，出口价格受产量影响较大（见表 5－14）。

表 5－14 2000～2016 年主要生姜出口国价格变化

单位：美元/吨

年份	世界	印度尼西亚	泰国	中国	巴西	印度	荷兰	秘鲁	尼日利亚	德国
2000	541.31	404.21	658.26	414.62	709.98	798.37	1472.62	—	139.19	2634.21
2001	498.56	430.81	463.45	421.57	613.62	824.94	1321.71	657.78	114.44	2533.55
2002	432.73	526.14	326.35	365.35	627.03	558.81	1252.65	808.14	100.65	2578.64
2003	435.46	858.38	388.92	362.98	606.44	889.66	1251.02	600.82	—	3085.63
2004	952.44	480.12	747.30	1012.02	848.85	820.94	1988.89	252.83	—	3277.89
2005	839.43	905.64	984.30	912.61	733.06	1043.88	1852.03	286.77	—	3599.18
2006	656.43	1108.66	537.12	599.76	765.41	1009.13	1757.81	131.11	—	3498.23
2007	616.43	423.66	497.65	560.84	887.00	923.81	1836.32	1328.97	1216.76	3813.59
2008	812.45	379.04	664.82	797.78	1218.11	1266.34	2196.11	2386.51	1559.66	3996.80
2009	818.51	462.85	500.57	828.21	984.93	1378.38	1279.85	2190.35	1746.60	3762.86
2010	1354.78	823.32	913.84	1449.39	1350.79	1761.49	1829.12	1886.90	2054.94	4180.14
2011	1174.07	1028.64	1090.19	1001.56	1105.10	1857.19	1761.35	1958.01	3548.75	4881.18
2012	726.48	1339.47	791.27	584.13	855.36	1307.62	1154.95	2010.81	—	3811.95
2013	1106.40	663.48	833.58	1051.95	1493.59	1354.79	1884.40	2156.90	2162.93	3851.89

年份	世界	印度尼西亚	泰国	中国	巴西	印度	荷兰	秘鲁	尼日利亚	德国
2014	—	802.83	1449.12	2097.72	2831.89	1103.50	2838.96	2137.85	2417.01	4480.61
2015	—	702.91	1211.27	1061.10	1347.83	1549.28	1976.73	2068.71	—	3589.54
2016	—	482.39	628.37	687.11	789.76	1965.49	1600.11	1683.61	—	3293.55

数据来源：各国出口价格根据联合国商品贸易统计数据计算，世界出口价格根据联合国粮食及农业组织（FAO）数据计算。

（五）小结

中国国际市场占有率仍保持在 60% 左右，但国际市场占有率、显示性比较优势呈下降趋势。荷兰、秘鲁、德国等国生姜国际竞争力显著上升，未来生姜国际竞争愈加激烈。中国生姜供应量充足，具有价格竞争优势，但在品质方面美国等国更加信赖秘鲁、巴西的生姜。秘鲁的有机生姜，个体较小、味道更浓，生产、管理、运输、储藏均有一套科学标准，可以保证生姜表皮无损，常年供应。巴西于 2017 年获得美国农业部 USDA 的有机认证，未来巴西有机生姜上市可能成为秘鲁有机生姜的竞争对手。印度生姜近年来保持了较高的价格，说明印度生姜的品质在世界范围内得到了认可。中国生姜出口以山东大姜为主，山东大姜的特点是块大、产量高，但欧美国家更偏爱味道更加浓重的姜。中国生姜国际竞争力下降，根据前文分析主要原因如下：

（1）产品结构难以满足市场需求导致国际竞争力下降。

2002~2016 年随着人均 GDP 的增长，我国生姜国际竞争力持续下降，主要原因是产品结构难以满足市场需求，消费升级比产品升级更迅速，市场反应过慢。美国有机生姜需求大，但是中国传统的生产方式难以满足其市场的产品要求，因此美国转而向秘鲁、巴西增加进口量。高端市场需求升级，中国供给难以满足高端需求，因此中国丢失了美国、日本两大优质市场的份额，导致中国生姜大量出口到发展中国家，以价格优势抢占市场。

（2）生姜生产成本不断攀升，导致国际竞争优势下降。

2002~2015 年中国生姜生产者价格指数呈波动上升态势，生姜生产成本显著提高。生姜是投入最高的蔬菜之一，2016 年每亩物质与服务费用在 4000 元左右。生姜生产属于劳动密集型，2016 年每亩人工成本 3000 元左右，占总成本的 30% 左右，近年来中国适龄务农劳动力短缺日渐明显，人工成本攀升是生姜成本上升的主要原因。加工环节的人工成本、物质投入、环保成本近年快速攀升，进一步压缩出口的利润空间。

（3）技术壁垒增加出口成本，降低国际竞争力。

2016 年日本厚工劳动省扣留我国出口不合格蔬菜及制品共 29 批次，其中农残不合格 15 批次，微生物——细菌 8 批次，非食用添加物 3 批次，食品添加剂超标 3 批次。2016 年日本扣留我国姜及制品共计 3 次，一次是检测出甜蜜素，两次是三氯蔗糖超标。2016 年美国食品和药品管理局扣留我国出口不合格蔬菜及制品共计 199 批次，其中农残不合格

111 批次，其次是品质检测不合格，共 50 批次，标签不合格的共 26 批次。2017 年美国扣留我国姜及制品共计 6 次，其中 5 次产品来自山东，主要原因是铅超标和农药残留（数据来源：技贸网）。

日本、韩国、美国、欧盟等市场对生姜产品的质量要求高，均制定了较高标准的食品安全技术法规，并不断修订。日本于 2006 年实施"食品中残留农业化学品肯定列表制度"，该制度使食品中农业化学品残留限量的要求更加全面、系统、严格。其中，对未涵盖在肯定列表制度标准中的其他农业化学品制定统一限量标准：食品中农业化学品最大残留限量不得超过 0.01 毫克/千克。2007 年生姜产品对日出口额减少 1600 万美元，较 2006 年下降 30%。对日出口份额由 2000 年的 50% 左右下降到 2016 年的 10% 左右。

越来越多的国家对中国出口蔬菜进行强化抽查，增加了出口成本。2017 年日本对中国生产的菠菜、西蓝花、生姜等蔬菜中农残进行强化检查，实施 30% 的进口抽检比例。出口印度尼西亚的植物源性产品每批次均需出具农残分析证书，每批货物增加费用 2000 元左右。

第六章　中国生姜价格波动分析①

一、生姜年度价格波动分析

（一）基于 H - P 滤波的生姜生产价格指数年度波动分析

2002～2015 年生姜生产者价格指数呈倒"V"形波动。2002～2015 年生姜生产者价格指数平均值为 103.45%，2004 年达到最大值 145.13%，2002 年达到最低值 67.06%。波动幅度最大的年份为 2004～2005 年，由 145.13% 下降为 93.8%，下降了 51.23 个百分点，下降幅度达到 35%。14 年间，生产者价格指数下降的年份有 7 年，分别是 2002 年、2003 年、2005 年、2006 年、2007 年、2012 年、2015 年（见表 6 - 1）。

表 6 - 1　2002～2015 年生姜生产者价格指数

年份	生姜生产者价格指数（上年 = 100%）（%）	年份	生姜生产者价格指数（上年 = 100%）（%）
2002	67.06	2009	102.09
2003	95.91	2010	136.88
2004	145.13	2011	101.79
2005	93.8	2012	78.88
2006	77.72	2013	114.93
2007	91.04	2014	133.95
2008	122.88	2015	87.5

数据来源：《中国农产品价格调查年鉴》。

H - P 滤波方法是一种时间序列在状态空间中的分解方法，运用较灵活。它把经济周期看成宏观经济波动对某些缓慢变动路径的偏离，这种路径在期间内单调地增长，所以称之为趋势。H - P 滤波增大了经济周期的频率，使周期波动减弱。该方法的原理概述为：

---

① 数据来源：本章主要使用生姜生产者价格指数（年度数据）和生姜批发市场价格（月度数据）进行分析。生产者价格指数数据来源于《中国农产品价格调查年鉴》（2002～2016），批发市场价格数据来源于农价云。

设 $\{Y_t\}$ 是包含趋势成分和波动成分的经济时间序列；$\{Y_t^T\}$ 是其中含有的趋势成分，反映原序列的长期发展趋势；$\{Y_t^e\}$ 是其中含有的波动成分，反映原序列对其长期发展趋势的偏离。$\{Y_t^T\} = Y_t^e + Y_t^T$，$t = 1，2，\cdots，T$，计算 H – P 滤波就是将趋势成分 $\{Y_t^T\}$ 从 $\{Y_t\}$ 中分离出来。同时，可以计算波动成分对趋势成分的偏离率 $RV = Y_t^e / Y_t^T$，RV 反映了一定时期序列对其长期趋势的偏离幅度，从而反映出序列的短期波动情况。

（1）分解长期趋势。运用 Eviews 8.0 对生姜生产者价格指数进行 H – P 滤波分解，年度数据选择 lambda = 100，分离出的趋势成分和波动成分见图 6 – 1。其中，Y 表示原价格指数序列；Trend 表示滤波分离出的趋势成分；Cycle 表示滤波分离出的波动成分。可见，滤波分解法对蔬菜价格指数的长期趋势拟合效果较好，且波动成分通过平稳性（ADF）检验（表 6 – 2），ADF 检验统计量均小于各个显著性水平下的临界值，所以波动成分序列为平稳序列。由长期趋势曲线可知，生姜生产者价格指数整体先上升后保持平稳；由波动成分曲线可知，生姜生产者价格指数周期性变化非常明显。

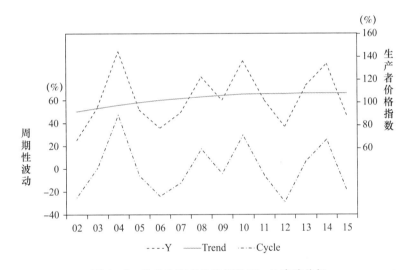

图 6 – 1　生姜生产者价格指数 H – P 滤波分解

表 6 – 2　生产者价格指数波动成分的 ADF 检验

检验形式（C，T，K）	ADF 检验统计量	1% 显著水平临界值	5% 显著水平临界值	10% 显著水平临界值
（1，0，1）	– 5.352924	– 4.121990	– 3.144920	– 2.713751

注：检验形式（C，T，k）表示单位检验方程里面包含常数项、趋势项和滞后阶数。

（2）划分波动周期。将生姜生产者价格指数剥离了长期趋势后，便得到价格的波动值，波动值与趋势值的比值为价格的偏离率，反映价格与长期趋势的偏离程度（图 6 – 2）。图 6 – 2 较清晰地显示出 2002 ~ 2015 年生姜生产者价格指数的频繁波动，离散率在 – 6.29% ~ 48.57% 之间，其中，离散率绝对值低于 5% 的有 2 年，绝对值超过 10% 的有 5 年。

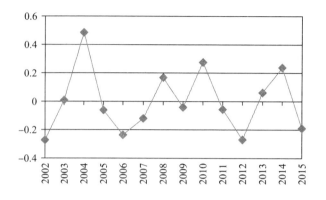

图6-2　生姜生产者价格指数偏离率

本章采用"波谷—波谷"的方法对生姜生产者价格指数进行周期性划分。①由表6-3可见，生姜生产者价格指数波动周期平均为4.33年，属于短期波动。根据"波谷-波谷"的方法划分，将13年的生姜生产者价格指数波动划分为3个周期，平均周期长度为4.33年。第一个周期为4年，第二个周期为6年，第三个周期为3年。②生姜生产者价格指数波动幅度巨大，三个周期的平均波动幅度为59.21%，三个周期的波动幅度均大于50%。第一个周期的波动幅度为75.76%，第二个周期波动幅度为51.16%，第三个周期波动幅度为59.21%。③平均扩张期为2.33年，平均收缩期为2年，一般扩张期与收缩期相等。第一个周期扩张期为2年，收缩期为2年；第二个周期扩张期为3年，收缩期为3年；第三个周期扩张期为2年，收缩期为1年（数据没有更新到2016年）。由此可见扩张期和收缩期持续性较强。④周期类型属于古典型，每个周期的波谷均为负值。

表6-3　生姜生产者价格指数波动周期

周期	年份	年距（年）	波动幅度（%）	扩张期（年）	收缩期（年）
1	2002～2006	4	75.76	2	2
2	2006～2012	6	51.16	3	3
3	2012～2015	3	50.71	2	1
平均值		4.33	59.21	2.33	2

（二）生姜批发市场年度价格波动分析

市场价格数据来源于农价云，目前数据更新到2011～2017年。本节分析方法与生姜生产者价格指数波动分析方法一致，不再详细叙述，仅阐述最终分析结果。由于数据年份较短，因此本节仅分析一个完整的波动周期：2012～2016年。

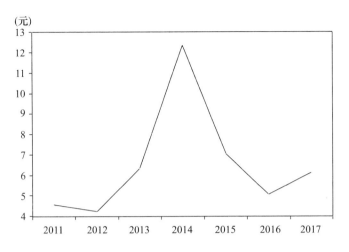

图 6 – 3　2011～2017 年生姜批发市场年度价格

（1）分解长期趋势。滤波分解法对蔬菜价格指数的长期趋势拟合效果较好，且波动成分通过平稳性（ADF）检验（表 6 – 4），ADF 检验统计量小于在 5%、10% 显著性水平下的临界值，所以波动成分一阶差分序列为平稳序列。Y 表示以 2011 年为基期的生姜批发价格指数。Trend 表示生姜批发价格指数的长期趋势，由图 6 – 4 可见 2011～2017 年生姜批发市场价格指数有缓慢上升的趋势，生姜批发价格指数波动具有明显的周期性。

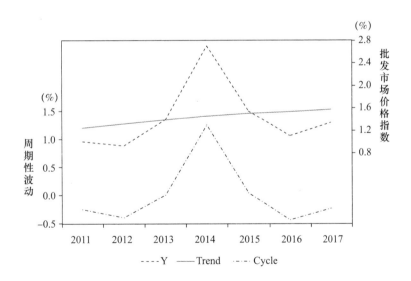

图 6 – 4　生姜批发市场价格指数 H – P 滤波分解

表 6 – 4　波动成分一阶差分的 ADF 检验

检验形式（C，T，K）	ADF 检验统计量	1% 显著水平临界值	5% 显著水平临界值	10% 显著水平临界值
（0，0，1）	– 2.983579	– 3.271402	– 2.082319	– 1.599804

注：检验形式（C，T，k）表示单位根检验方程里面包含常数项、趋势项和滞后阶数。

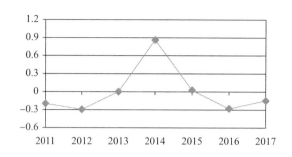

图 6 - 5　生姜批发市场年度价格指数偏离率

由图 6 - 5 可见，生姜批发市场价格指数波动频繁，且波动幅度巨大。离散率平均值为 - 0.39%，离散率在 - 29.14% ~ 86.71% 之间，离散率绝对值高于 10% 的年份有 5 年，其余 2 年离散率绝对值小于 10%。与生姜生产者价格指数离散率对比发现，生姜批发市场价格指数离散率平均值（ - 0.079%）的绝对值远小于生姜批发市场价格离散率平均值的绝对值。而且生姜批发市场价格指数离散率的范围比生姜生产者价格指数离散率的范围广，说明生姜批发市场价格指数波动比生姜生产者价格指数波动幅度大。

（2）划分波动周期。采用"波谷 - 波谷"的方法划分周期。2011 ~ 2017 年划分出一个完整周期：2012 ~ 2016 年。年距 4 年，波动幅度 115.86%，扩张期 2 年，收缩期 2 年。对比生姜生产者价格指数的波动周期：2002 ~ 2015 年，生产者价格指数波动幅度为 50.71%，远小于 115.86%。

表 6 - 5　生姜批发市场年度价格指数周期

周期	年份	年距（年）	波动幅度（%）	扩张期（年）	收缩期（年）
1	2012 ~ 2016	4	115.86	2	2

对比生产者价格与批发市场价格，结果显示二者波动周期基本一致，波动方向一致，但是批发市场价格波动幅度更大，偏离率更大。当价格上涨时，批示市场价格上涨幅度更大，当价格下跌时，下跌幅度与生产者价格基本一致。

二、生姜批发市场月度价格波动分析

2012 ~ 2017 年生姜批发市场月度价格在 2014 年 10 月达到最大值，峰值为 16.24 元/千克，2012 年 4 月价格最低为 3.66 元/千克。2012 ~ 2017 年生姜批发市场月度价格平均值为 7.32 元/千克，中位数为 6.59 元/千克。由图 6 - 6 可见，生姜批发市场月度价格波动幅度大，波动频率高，2014 年波动幅度最大。

一般情况下（除 2014 年、2015 年）生姜每年 2 月前后和 9 月前后达到波峰，9 月前后峰值高于 2 月前后峰值。2 月前后为春节，春节期间蔬菜价格普遍上涨。10 月前后是生姜收获的季节，在生姜收获前价格达到最高峰，生姜收获后价格下降。

生姜批发市场月度价格如表6-6所示：

表6-6 生姜批发市场月度价格

单位：元/千克

年份 月份	2012 年	2013 年	2014 年	2015 年	2016 年	2017 年
1 月	3.84	4.66	9.35	9.04	6.66	5.97
2 月	3.85	4.84	9.96	8.55	6.78	5.94
3 月	3.79	4.72	10.80	8.48	6.44	5.68
4 月	3.66	4.72	12.49	8.96	6.02	5.43
5 月	3.59	4.62	13.29	9.32	5.56	5.41
6 月	3.81	4.93	13.99	8.95	5.26	6.08
7 月	4.00	5.73	14.10	8.79	5.09	6.34
8 月	3.96	7.11	15.23	8.64	5.05	6.45
9 月	3.73	7.69	16.10	8.05	5.11	7.94
10 月	3.59	9.44	16.24	7.29	6.06	7.6
11 月	3.74	10.00	12.72	7.03	7.00	6.98
12 月	3.99	9.62	10.61	6.99	6.74	6.52

数据来源：农价云。

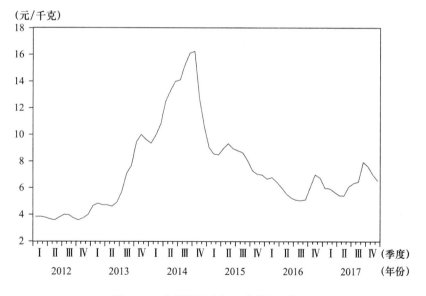

图6-6 生姜批发市场月度价格原数据

（一）季节性调整

为了消除季节性，更准确地把握价格波动的变化特征，运用 Eviews 8.0 对原序列进行 Census X12 季节性调整，消除季节因素和不规则因素后最终得到趋势循环序列（见图6-

7），可见最终的趋势循环序列虽然仍呈现较大的波动性，但相对原序列而言，季节调整后的序列较平滑，这就说明生姜批发市场价格受季节因素的影响较大。由图 6 - 8 可知，月度价格波动幅度基本一致，存在季节性的影响。2012 年至 2014 年 10 月份季节因子为最大值，10 月份后季节因子迅速下降，下降到第二年 1 月到达最小值。2015 年至 2017 年 9 月份季节为最大值，9 月份后季节因子迅速下降，下降到第二年 1 月达到最小值。季节因子序列说明了生姜价格波动与生姜收获时间和春节有密切相关性。10 月份前后鲜姜收获，收获后老姜价格迅速下跌。2 月份春节，春节前各类蔬菜价格均上涨，因此在 12 月至第二年 1 月份下降转为上升。由图 6 - 9 可知，不规则因子对价格波动的影响非常大。

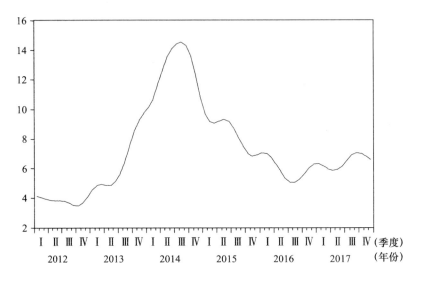

图 6 - 7　生姜批发市场月度价格指数趋势循序列

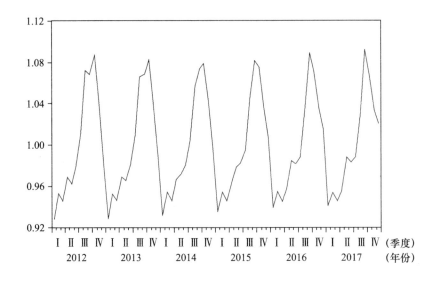

图 6 - 8　月度价格指数季节因子序列

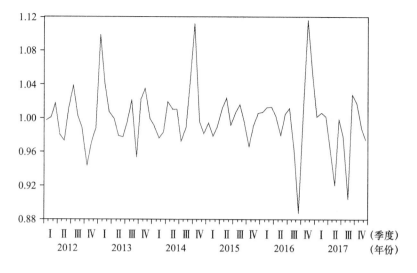

图 6 - 9 月度价格指数波动的不规则因子

（二）周期性分析

滤波分解法对生姜批发市场月度价格的长期趋势拟合效果较好，且波动成分通过平稳性（ADF）检验（见表 6 - 7），ADF 检验统计量小于在 1%、5%、10% 显著性水平下的临界值，所以波动成分序列为平稳序列。Jiage 表示生姜批发月度价格。Trend 表示生姜批发月度价格长期趋势，由图 6 - 10 可见，2012～2017 年生姜批发市场月度价格先升后降，2012～2014 年较陡峭，2016～2017 年较为平稳，整体上价格上升。生姜批发价格波动具有明显的周期性。

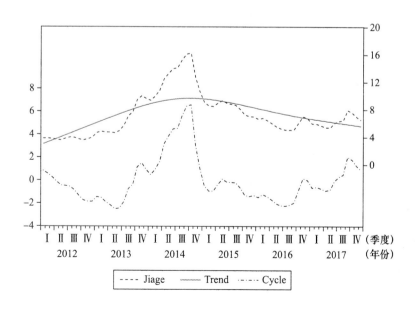

图 6 - 10 生姜批发市场月度价格 H - P 滤波分解

表6-7　月度价格波动成分 ADF 检验

检验形式（C，T，K）	ADF 检验统计量	1% 显著水平临界值	5% 显著水平临界值	10% 显著水平临界值
（0，0，1）	-2.837357	-2.598416	-1.945525	-1.613760

注：检验形式（C，T，k）表示单位根检验方程里面包含常数项、趋势项和滞后阶数。

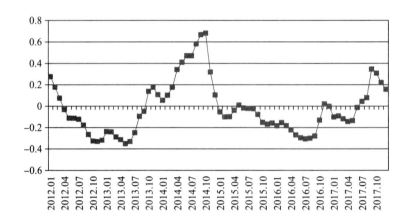

图6-11　生姜批发市场月度价格偏离率

对表6-8进行分析可知生姜批发市场月度价格波动周期特征：①波动周期平均长度为10.33个月，属短期波动。根据"峰—峰"为标准进行周期划分，将72个月的月度价格指数划分为6个周期，平均周期长度为10.5个月。其中第5个周期最长，从2015年6月至2016年11月共17个月；其次是第1个周期，周期长度为12个月；其次4个周期分别为9个月、10个月、6个月、9个月。整体上看，生姜月度价格指数具有季节性，属于短期波动。②波动幅度较高，属强幅波动型。整体而言，生姜批发市场月度价格指数的波动属于强幅波动，说明生姜批发市场月度价格容易受不同因素的影响，从而导致价格的大幅度波动。③2012～2017年扩张期略长于收缩期，平均扩张期是5.33个月；平均收缩长度为5.17个月，扩张和收缩长度之比为1.03，说明整体上生姜批发市场月度价格的上升和下降具有一定的对称性。

表6-8　生姜批发市场月度价格波动周期划分

周期	时间	年距（月）	扩张期（月）	收缩期（月）
1	2012-01～2013-01	12	2	10
2	2013-02～2013-11	9	6	3
3	2013-12～2014-10	10	9	1
4	2014-11～2015-05	6	3	3
5	2015-06～2016-11	17	6	11
6	2016-12～2017-09	9	6	3
平均		10.5	5.33	5.17

（三）生姜批发市场价格预测

对原始数据进行单位根检验，原始数据不平稳。对原始数据进行一阶差分，ADF 检验结果如表 6-9 所示，ADF 检验统计量均小于各个显著水平下的临界值，所以一阶差分后的序列是平稳序列。

表 6-9 批发市场月度价格一阶差分的 ADF 检验

检验形式（C，T，K）	ADF 检验统计量	1% 显著水平临界值	5% 显著水平临界值	10% 显著水平临界值
(1，1，0)	-4.490490	-4.094550	-3.475305	-3.165046

注：检验形式（C，T，k）表示单位根检验方程里面包含常数项、趋势项和滞后阶数。

根据自相关系数和偏自相关系数初步判断为 ARIMA 模型。偏相关系数在第二阶开始变小，但在第十阶又变大，考虑 q 的为 3，2，1。自相关系数在第二阶变小，但第 10 阶、第 15 阶突出。序列存在季节性周期性变化，需要对序列进行季节性调整。通过试验最终选择 ARIMA (2，1，1) (3，1，1)[12]，结果如下：

表 6-10 ARIMA (2，1，1) (3，1，1)[12] 模型的回归结果

Variable	Coefficient	Std. Error	t-Statistic	Prob.
C	-0.043906	0.068742	-0.638705	0.5268
AR (2)	-0.936873	0.051928	-18.04190	0.0000
AR (1)	1.501633	0.053770	27.92712	0.0000
SAR (12)	-0.363672	0.120042	-3.029537	0.0044
MA (3)	0.631663	0.015607	40.47403	0.0000
MA (1)	-0.858613	0.023930	-35.88089	0.0000
SMA (12)	0.854784	0.050345	16.97864	0.0000
R-squared	0.782373	Mean dependent var		-0.038532
Adjusted R-squared	0.748010	S. D. dependent var		0.416776
S. E. of regression	0.209216	Akaike info criterion		-0.148867
Sum squared resid	1.663307	Schwarz criterion		0.132170
Log likelihood	10.34950	Hannan-Quinn criter.		-0.044099
F-statistic	22.76839	Durbin-Watson stat		2.047897
Prob (F-statistic)	0.000000			

由输出结果可见，各变量均显著，拟合优度接近 1。Inverted AR Roots、Inverted MA Roots 均在 -1 到 1 之间。参数估计后，对拟合模型的适应性进行检验，实质是对模型残差序列进行白噪声检验。由表 6-11 可见 p 值均大于 0.05，残差序列为白噪声序列。

表 6 – 11　回归模型的残差白噪声检验

Autocorrelation	Partial Correlation		AC	PAC	Q – Stat	Prob
. | . |	. | . |	1	– 0. 025	– 0. 025	0. 0296	
. | *. |	. | *. |	2	0. 077	0. 076	0. 3178	
. | . |	. | *. |	3	0. 072	0. 076	0. 5777	
. | *. |	. | *. |	4	0. 157	0. 157	1. 8536	
. | *. |	. | *. |	5	0. 149	0. 154	3. 0210	
. | *. |	. | *. |	6	0. 113	0. 107	3. 7099	
. | . |	. * | . |	7	– 0. 036	– 0. 068	3. 7840	0. 052
. | . |	. | . |	8	0. 035	– 0. 033	3. 8524	0. 146
. * | . |	. * | . |	9	– 0. 119	– 0. 192	4. 6897	0. 196
. | . |	. | . |	10	0. 023	– 0. 058	4. 7204	0. 317
. | . |	. | . |	11	0. 060	0. 060	4. 9461	0. 422
* * | . |	* * | . |	12	– 0. 274	– 0. 263	9. 7594	0. 135
* * | . |	* * | . |	13	– 0. 214	– 0. 234	12. 780	0. 078
. | *. |	. | *. |	14	0. 081	0. 137	13. 233	0. 104
. | . |	. | *. |	15	0. 020	0. 151	13. 262	0. 151
. * | . |	. | . |	16	– 0. 116	– 0. 034	14. 239	0. 162
* * | . |	. * | . |	17	– 0. 211	– 0. 129	17. 615	0. 091
. | . |	. | . |	18	– 0. 059	0. 010	17. 885	0. 119
. * | . |	. * | . |	19	– 0. 079	– 0. 081	18. 391	0. 143
. | . |	. * | . |	20	– 0. 055	– 0. 079	18. 649	0. 179

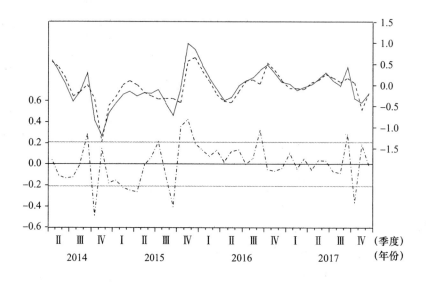

图 6 – 12　预测值、真实值、残差

预测结果显示 MAE 值为 6.95，该值小于 10 说明预测准确度较高。根据模型进行预测 2018 年 1 月生姜批发价格为 5.945 元/千克，2018 年 1 月生姜批发市场价格真实值为 6.01 元/千克，相差 1%。

表 6 – 12　预测值与真实值

单位：元/千克

	2014 年		2015 年		2016 年		2017 年		2018 年	
	预测值	真实值	预测值	真实值	预测值	真实值	预测值	真实值	预测值	真实值
1			7.641273	9.04	4.65393	6.66	5.626315	5.97	5.945746	6.01
2			7.709669	8.55	5.227439	6.78	6.088659	5.94		
3			7.978642	8.48	4.934175	6.44	5.513915	5.68		
4	12.04865	12.49	8.957552	8.96	5.057378	6.02	5.609345	5.43		
5	13.58187	13.29	8.572234	9.32	4.233797	5.56	5.298743	5.41		
6	14.08123	13.99	8.114108	8.95	3.895029	5.26	5.987861	6.08		
7	13.99838	14.10	7.228802	8.79	4.260838	5.09	6.569356	6.34		
8	14.59614	15.23	7.884134	8.64	4.289392	5.05	6.723562	6.45		
9	14.93136	16.10	7.783927	8.05	3.456408	5.11	7.029984	7.94		
10	16.73157	16.24	4.387151	7.29	5.384861	6.06	8.796805	7.6		
11	11.20521	12.72	3.96944	7.03	6.162797	7.00	6.373837	6.98		
12	9.419669	10.61	4.636614	6.99	6.194908	6.74	6.528261	6.52		

三、生姜价格波动的原因分析

（一）生姜价格长期趋势先升后降，整体价格攀升的原因

2014 年生姜价格经历了波动峰值，以 2014 年为轴，2012 ～ 2014 年呈上升趋势，2014 ～ 2017 年呈下降趋势，下降趋势比上升趋势平缓，整体价格有所攀升。从宏观角度分析，价格上涨的根本原因是货币供给的增加。从 2009 年起为了刺激经济的发展，我国一直实施宽松的货币政策，M1、M2 的增速不断提高，货币供给增加导致流动性过剩。而流动性过剩则造成 CPI 指数的快速增长，而农产品价格包括生姜价格也不例外。

从微观角度分析，小宗农产品价格上涨一是受需求拉动的影响，主要有人口数量特别是城镇人口数量增加引起需求量增加；二是因为物价上涨等因素导致生产要素成本、土地价格、劳动力成本和流通成本的上涨引起的。①生产要素成本。从生姜的生产者价格指数的趋势看，生产者价格指数呈缓慢上升趋势。生姜生产的总成本上升，一方面是在生姜种

植中投入的姜种、化肥、农药等生产资料价格攀升。②劳动力成本上升，生姜种植劳动力投入较大，一般每亩生姜需要人工投入 3000 元以上，随我国人口红利消失，适龄农耕劳动力短缺，劳动力价格上升进一步助推了生姜生产成本上升。③生姜储存需要建设姜窖，在保存过程中损耗难以避免，特别是初学种姜者储存的损耗非常大，这部分损耗只能通过涨价来弥补。④生姜种植 50% 左右集中在山东省，山东省生姜向全国各地供应，运输距离越远运输成本越高，因此远程运输进一步助推了生姜价格攀升。

（二）生姜价格周期性波动的原因——蛛网模型

生姜种植多是一家一户分散经营，生产规模小，生姜市场接近于完全竞争市场，价格由市场供求决定。生姜是我国居民生活必需的调味品，需求弹性较小，当价格波动时消费者的消费量变化不大。而生姜生产者是价格的接受者，单个生产者对价格的影响为零。生姜生产者的信息渠道和能力有限，通常根据上一年或播种前的价格决定种植面积，当价格波动时生产者更为敏感，供给弹性大于需求弹性。根据蛛网理论，其价格和供给波动的趋势是发散型的，均衡状态如果因自然灾害等偶然因素被破坏，就很难恢复。这样在生姜市场就呈现出"供给大于需求，价格下跌—农户减小生产规模—供不应求，价格上升—农户扩大生产规模—供大于求，价格下跌"。这种状态会反复轮回，而且周期会越来越短，陡升陡降的趋势越来越明显。而波动幅度越来越大的原因是，随着土地成本、劳动力成本等种植成本以及流通成本的上升，导致供给曲线的斜率越来越大。因此 2014 年的峰值高于上一周期 2010 年的峰值。

（三）短期价格波动的原因

种植周期与节日影响。每年春节期间蔬菜价格上升，生姜也不例外。每年 4 月前后种植，10 月前后收获。在种植期间农民忙于劳动，无暇顾及姜窖内生姜的出货，有些时候会造成局部供货紧张，价格上升。在 10 月收获之前，价格处于上升期，此时前一年储藏的生姜基本出清，新姜还没有下来，供给量下降价格上升。10 月以后新姜收获完毕，供给充足，对老姜价格的冲击巨大，此时价格下降最快。

短期不确定因素的发生造成价格波动。例如自然灾害、病虫害的发生、游资炒作。我国生姜信息发布还不完备，虽然已经建立一些生姜价格的网站，但农民受知识水平的限制，获取信息的渠道较少，一方面根据前一年价格决定第二年的生产，另一方面容易盲从其他农户，形成"羊群效应"。当不法经营者捏造虚假新闻、投机炒作、哄抬价格时，农民通常会盲目跟风决策，从而造成价格暴涨暴跌。

第七章 中国生姜产业发展趋势

一、生姜产业特性与发展潜力

（一）生姜是调味品也是重要的功能性食品

生姜不仅仅是我国饮食必备的调味品，而且具有很高的药用价值，具有抗病毒、抗菌、抗癌、抗氧化延缓衰老的作用，增加葱姜蒜的摄入量对预防和降低慢性疾病发生具有重要作用。随着消费需求的多元化，国内外市场对生姜深加工产品需求逐年增加。

（二）生姜种植区域特色明显

生姜主要在第三世界国家种植，我国生姜生产历史悠久，在长期的栽培驯化和选择过程中，形成了众多的地方品种。山东省内就有安丘大姜、莱芜生姜、昌邑大姜、乳山生姜、蟠桃大姜等区域特色明显的名特优产品。除此之外安徽铜陵白姜、重庆罗盘山生姜、湖南凤头姜等产品不仅是地域性和专业性较强，形成了较强的区域优势，还形成了稳定的消费群体。

（三）生姜产品耐储存易受资本控制

生姜可储存 3 ~ 5 年，在主产区企业、合作社、农户、市场均建有不同标准的储藏设施，农户根据长期种植、储藏经验同样可以储存生姜 3 ~ 5 年。正是由于这一产业特性，当价格上涨时，储存者加大储存量，十分惜卖，造成供需比例严重失调。而游资的介入与炒作，更增加了供给的不确定性。从股市、楼市退出的社会资金利用生姜等农产品产地集中和耐储存等特点，恶意囤积，哄抬价格，出现了"姜你军"等现象。

（四）生姜产品精深加工利润空间大

生姜用途广泛，不仅可以用于调味、腌制、糖渍，还可以加工为姜酒、姜糖、速冻蔬菜等产品，提取姜油、姜辣素等制成高附加值的保健品和药品，伴随着消费结构日益多元化，生姜产业将实现全面转型升级。同时，加工技术不断提高，精深加工的研究成为热点，近年来成立的生姜精炼提取公司市值迅速攀升，未来精深加工产品的开发带来巨大的增值空间。

二、中国生姜产业发展趋势

（一）2018 年种植规模继续扩大

农民为追求高效益而扩种、提产。生姜生产规模继续稳定增加，产量或维持较高水平。受 2017 年生姜价格走高的影响，姜农收益超出预期，必然会刺激生姜种植的积极性。因此，2018 年生姜种植面积将有所增加，估计较 2017 年增加 5% 以上；此外，姜农会通过增加投资、精细管理等提高单产水平，以期获得更高的收益。因此，生姜生产总量预计较 2017 年增加 10% 左右。

（二）生姜库存量大，加剧价格波动

2017 年生姜生产总量较高，尤其山东等生姜主产区遭遇雨涝天气，生姜根茎含水量有所增加，除了直接导致田间发病外，还加大了产品储藏过程中发病的风险。当前生姜入窖储藏量较大，库存较多，加之生姜入窖初期气温偏高，若通风不及时，将造成热害焖窖，导致过大的库存损耗问题。另外库存量大，农民惜卖，如果不合理安排出货，很可能造成前期价格高，后期价格滑坡，价格剧烈波动。

（三）人工成本上升，生产成本降低空间较小

种植生姜成本高，平均总成本在 6000 ~ 8000 元/亩，其中人工成本在 3000 元以上。随着我国人口红利消失，人工成本不断攀升。生姜生产过程中采挖阶段只能依靠人工，没有适用性的机械设备替代，采挖阶段是消耗人工最多的环节，需要有经验的专业能手，否则容易对生姜外观造成伤害。因此种植生姜的人工成本会继续攀升，物质投入与服务费用小幅攀升，从而带动生姜生产成本继续攀升。

（四）国际竞争加剧，中国生姜市场份额下降

目前中国生姜出口额在国际市场上占有 60% 左右的市场份额，2005 年曾占 70%。市场份额下降，一方面是荷兰、秘鲁等国市场份额增长挤压了中国的市场份额，另一方面是中国生姜不良的出口结构进一步降低了出口额比重，中国在发达国家的市场份额降低到了 40%，在发展中国家的市场份额上升到了 60%，导致出口量增长速度超过出口额增长速度，从而降低了出口额比重。新的生姜出口国：荷兰、秘鲁、巴西，加之印度、尼日利亚、泰国等传统出国口与中国的竞争日益加剧；国内生姜出口企业无序竞争，通过价格战争相出口，进一步降低了我国生姜出口额的比重。2017 年以来受环保政策影响生姜加工企业大部分处于停工状态，对出口产生不利影响。

（五）种性退化，病害加剧

在生产上，生姜长期采用无性繁殖，未经过选择，导致种性退化。近年来，生姜的栽培面积逐年扩大，老姜区由于留种不当和连年重茬，姜瘟病危害严重。不少新姜区由于盲目引种，将带菌种姜引进来，病害发生严重，导致产量和品质均较低。未来品种选育、姜种脱毒、测土施肥、标准化生产是科技支持生产的主要方向。

（六）生姜企业兼并重组将促进提质增效

生产、加工、出口企业众多，大部分企业规模小、技术水平低、产品附加值低、资金紧张、带动力不足。人民币汇率上升、贸易摩擦升级、技术壁垒层出不穷、环保压力增大等因素进一步压缩出口企业的利润空间，很可能将部分资金不足、规模小的企业压垮，进而促进行业兼并重组。国际竞争的压力以及国内市场消费升级，促使企业增加有机产品、高质量产品、药食同源加工品的供给。

三、生姜产业发展的对策建议

（一）推行轻简化高效栽培技术，降低成本

受传统观念影响，农民种植生姜大多靠"传统"、靠"经验"，在生姜主产区家家户户都有自己的种植"秘诀"，这些"秘诀"以高产量为目标，缺乏科学性，造成了生产要素的浪费，生产成本居高不下。推广轻简化高效栽培模式，有助于降低成本。以生姜专用膜与生姜设施栽培相结合的轻简化栽培技术，可实现一膜两用，每亩节省遮阳网成本300元以上，同时有利于改善温光环境，促进生姜生长，增产15%以上。以科技为支撑，科学种植，能够节本增效。

（二）加大深加工技术研发投入，优化产品结构

依托龙头企业，发展"公司＋基地＋农户""公司＋合作社＋农户"等多种形式产业化经营。推动生姜企业兼并重组，依托龙头企业，优化产品结构。政府推动科研部门与重点企业加强合作，企业根据市场需求向科研部门提出技术需求，提升产品质量和附加值，丰富产品结构。目前我国生姜出口保鲜姜为主，加工以腌渍、风干为主，难以满足市场对高附加值产品的需求。生姜作为中药原料历史悠久，生姜相关保健产品开发空间巨大，但目前生姜加工出口企业的资金紧张、人才匮乏，需要国家、地方政府对生姜深加工技术研发加大投入。

（三）健全生姜质量安全标准体系，与国际接轨

目前我国政府部门颁布的包含生姜的标准仅有13项，包括生姜生产技术规范、食品

添加剂生姜油、无公害食品生姜生产技术规范、脱毒生姜种姜病毒检测技术规范等。我国生姜质量安全标准体系不健全，标准化程度低、质量和安全水平难以达到国外标准。与国外质量安全标准接轨，建立产前、产中、产后相互衔接的质量安全标准体系。加强农药、肥料制造企业的监管，对违禁投入品的生产、销售、使用行为加大惩治力度。推广标准化生产技术，各级政府、农技部门加大宣传力度，组织标准化生产技术培训。借鉴"安丘模式"，完善质量检测体系，农产品全程可追溯管理，设立在线监控中心，对农产品生姜全程无缝隙监控，严格执行国内国外两个市场一个质量标准。

附　录

一、国内主要生姜企业

1. 山东省万兴食品有限公司

基本信息：万兴食品有限公司注册于 2006 年 11 月 13 日，注册资本 6100 万元，所在地址是山东莱芜市莱城区。经营范围有：蔬菜制品（酱腌菜）生产销售；蔬菜干制品（蔬菜粉及制品）、生姜、大蒜、蒜苔、土豆、大葱、花椒、水果粗加工（拣选、整理）销售；蔬菜种植；农产品质量检验、检测服务及相关技能培训；自营和代理各类商品及技术的进出口业务。

生姜产业的领军企业：万兴食品有限公司是一家集农产品种植、收购、储藏、加工、出口为一体的综合性农业产业化国家重点龙头企业、出口创汇明星企业、绿卡示范企业、AAA 信用企业、国家生姜种植标准起草者（GB/Z26584—2011）、首家通过欧盟 TESCO 公司 TNC 认证企业、国家 948 项目（葱姜蒜）示范企业、国家星火计划承建单位、北京 2008 年奥运会生姜独家供应商、山东省高新技术企业、山东省院士工作站建站单位、山东省生姜产业技术创新战略联盟理事长单位、中国食品土畜进出口商会生姜协会理事长单位、大蒜分会副理事长单位。

经营状况：公司立足本地区姜蒜特色，致力于姜蒜产品的全产业链发展。拥有资产总额 6.2 亿元，其中固定资产 2.9 亿元。现有员工 389 人，其中各类技术人员 126 人。2015 年公司实现了销售额 16 亿元，其中出口额达到 1.7 亿美元。

市场地位：公司生姜产品主要包括保鲜大姜、风干大姜、腌渍生姜、甘酢生姜、姜芽、姜丝等。年出口生姜及姜制品 8 万吨，自 2002 年以来生姜出口量稳居全国第一，占全国生姜产品出口总量的 20%，产品主要出口 60 多个国家和地区。公司拥有有机认证的万亩姜园，所有的生姜全部源于受控基地。现已通过欧盟 GAP 认证、HACCP 认证、日本有机 JAS 认证，OKKOSHER 认证和国家无公害认证，产品已完全与国际食品质量安全体系接轨。

2. 莱芜裕源食品有限公司

莱芜裕源食品有限公司成立于 2000 年，是山东省一家集种植、储藏、加工、出口为一体的综合性农业产业化重点龙头企业。

地址：山东省莱芜市文化南路 60 号。

业务范围：产品主要包括寿司姜片系列、黑蒜系列产品。

经营模式：公司采用"公司＋基地＋农户"的经营管理模式，建设标准化生产基地 2000 亩，辐射带动基地农户 2000 余户，安排农村剩余劳动力 300 余人，黑蒜的产销量 800 吨，位居全国第一。

出口贸易：产品主要出口到日本、韩国、美国、欧洲、澳大利亚、南美洲等 30 多个国家和地区。寿司姜在美国市场占有率达到 40%，在日本市场占有率达到 20%。

品牌及产品认证：公司"裕华源"牌商标，取得全国食品生产许可证（SC），中国绿色食品认证，危害分析与关键控制点（HACCP）体系认证，犹太 OU 认证，以及美国 FDA（美国食品药品检验监督局）现场审核。FDA 认证标志着公司成莱为芜市首家经过国外政府机构现场复核检查的出口企业。

科技与质量管理：公司投入大量的资金从事科技研发，取得了黑蒜加工的系列产品专利，黑蒜加工科技水平处于国内领先地位。在原材料采购、添加剂管理、生产过程控制、产品检测、售后服务等方面都严格按国家标准及相关法律法规要求执行，实现采购、生产、售后全过程的跟踪监测及管理。

3. 铜陵市和平姜业有限责任公司

铜陵市和平姜业有限责任公司，是一家老字号生姜系列产品加工的民营企业，是安徽省农业产业化重点龙头企业，是省级"专、精、特、新"成长型企业，也是铜陵地区起步最早、规模最大、效益最好的生姜加工企业。

企业是 5000 亩铜陵白姜国家级标准化示范区建设承担单位，基地年产优质铜陵白姜 16000 吨，占国内白姜总量的 54%。企业拥有固定资产 2260 万元，公司坚持把"农家风味"融入现在泡菜科技中，研制开发出"和平"牌糖冰姜、糖醋姜、风味姜、开胃姜、香辣菜及姜参茶等 4 个系列 38 个品种。

以"企业＋合作社＋基地＋农户"的模式，大力发展"订单农业"。公司旗下铜陵县方仁生姜专业合作社于 2007 年 7 月成立，主要从事铜陵白姜科学种植与科研开发。现流转土地近 2000 亩，专门从事种植铜陵白姜套种高秆白菜。该合作社先后被认定为国家级、省级、市级、县级示范合作社。1988 年公司被评为安徽省旅游商品定点生产企业；2005 年 1 月绿色食品生姜基地获国家标准化管理委员会批准为国家农业标准化示范区，并于 2007 年 11 月通过国家验收组验收；2010 年"生姜—高秆白菜栽培标准种化示范区"再一次被批准为第七批国家农业标准化示范区，同时企业成为省级 AA 标准化良好行为企业；2008 年 12 月由和平姜业公司承担的"铜陵白姜标准化安全生产与推广"项目被国家科技部立项为国家级星火计划项目。

2001 年"和平"牌生姜荣获"中国国际旅游商品博览会特别推荐旅游商品",公司主打产品"和平"牌糖醋姜、糖冰姜自 1998 年起连续被评为安徽省名牌农产品。2008 年"和平"牌 4 个生姜系列产品获得绿色食品认证。2003 年、2007 年、2011 年"和平"牌商标被认定为安徽省著名商标。2008 年 12 月"和平"牌糖醋姜获得安徽名牌称号,2009 年、2014 年"和平"牌铜陵白姜荣获国际农交会金奖。目前,公司有两个产品取得发明专利证书。公司率先通过 QS 认证、ISO9001 国际质量管理体系认证。公司 14 个品种获得计量保证能力合格证（C 标志）。

4. 山东泰丰食品有限公司

山东泰丰食品有限公司,成立于 2015 年,注册资金 2000 万元,地处"中国生姜之乡""三辣一麻生产基地"的山东省莱芜市,是一家集基地种植、订单收购、恒温冷藏、加工生产、国际贸易于一体的现代化综合农产品加工出口企业。

企业规模：公司现有职工 300 余人,专业技术人员 60 余人,冷库面积 8000 平方米,可冷藏产品 3 万多吨；现代化加工车间 15000 平方米,内设蒜米加工生产线,日本进口脱水蒜片蒜粉生产线,德国进口蒜泥姜泥生产线、日本进口腌姜切片切丝生产线,并建有果蔬深加工实验室,年生产加工能力达 15 万吨。公司多次被有关部门授予"重合同守信用企业""消费者满意单位""农业产业化省重点龙头企业"荣誉称号。

天然绿色的源头坚持

公司生产基地处于大汶河逆流河的源头,公司产品因此获得平原地区难得的源头天然好水滋养。另外,拥平原地区土层深厚、剖面发育完全、土质透气性好、微量元素含量丰富、气候适宜等天赐地理与气候条件,使公司主营的生姜、大蒜、土豆、洋葱、姜泥、蒜泥、姜块、姜片、蒜米、蒜片、蒜粒、姜块、姜粉、辣椒干、姜球、西兰花、白菜花、胡萝卜、甜玉米等上百种农副产品具备了天然绿色的原材料源头选材优势。多年来,公司除了将中国的天然绿色食品出口海外,也在更广阔的大自然中甄选全球天然绿色的优质农产品回馈中国广大消费者,公司创立的"臻真然"品牌秉持臻选、真诚、纯天然的经营理念,为广大国内消费者从世界各地的天然绿色源头带来精心甄选的美味。

优中选优的品质保障

公司重视产品质量,积极主动顺应市场变化,提高生产技术,加大管理力度,加强人员培训。公司已通过 ISO9001 质量体系认证、ISO14001 环保体系认证、HACCP 食品安全管理体系认证和无公害农产品产地认证。公司倡导全员创业的创新管理模式,采用 IOC 内部创业式订单竞争制度,确保泰丰销售的产品均为"优中选优"的无公害绿色食品,这些产品备受外商青睐,已远销欧盟、美国、中东、东南亚等 30 多个国家和地区。

附表1　主要加工企业

序号	园区或企业名称	主营	品牌	经营状况
1	山东省万兴食品有限公司	姜蒜加工	姜老大姜浓	生姜每年出口8万吨左右，占全国出口总量的15%～20%
2	莱芜泰丰食品有限公司	姜蒜加工	泰丰	注册资金2000万元，姜泥蒜泥、蒜米、姜片加工，可冷藏产品3万多吨，年生产加工能力达15万吨
3	莱芜裕源食品有限公司	姜蒜加工	裕华源	寿司姜在美国、日本市场占有率分别达到40%、20%
4	莱芜东兴源食品有限公司	姜加工	卖姜翁头道菜	注册资本2000万元，具有国度生姜规范化示范基地2万亩，GAP种植基地3000亩，生姜有机种植基地1600亩。姜茶系列产品年销售额达到700多万元
5	莱芜万鑫经贸有限公司	姜蒜加工出口		注册资本1000万元，每年出口生姜1万吨左右
6	铜陵市和平姜业有限公司	姜加工	和平	公司建成5000亩白姜国家级标准化示范区，年量16000吨，占国内白姜总量的54%

附表2　2015～2016年未磨姜出口前十企业

排名	公司名称
1	山东佳农国际贸易有限公司
2	山东省万兴食品有限公司
3	莱芜泰丰食品有限公司
4	莒县华腾有机生姜有限公司
5	潍坊佳禾食品有限公司
6	甘肃巨鹏清真食品股份有限公司
7	安丘市三慧食品有限公司
8	安丘市邦泰食品有限公司
9	肇庆市祥信进出口贸易有限公司
10	青岛天和丰食品有限公司

数据来源：http：//www.docin.com/p-1542207464.html？docfrom=rrela。

二、国内名优特生姜

附表3　国内名优特生姜产品

名特优产品	所属地
莱芜生姜	山东莱芜市
安丘大姜	山东安丘市
金昌大姜	山东昌邑市

续表

名特优产品	所属地
老集生姜	安徽临泉市
博芳大姜	山东潍坊市
铜陵白姜	安徽铜陵市
博爱清化姜	河南博爱县
罗盘山生姜	重庆罗盘山
蟠桃大姜	山东平度市
万德大地生姜	山东沂水县
凤头姜	湖北来凤县
江永香姜	湖南江永县
新丰生姜	浙江嘉兴市
昌邑大姜	山东昌邑市
乳山生姜	山东乳山市

三、示范县生姜生产情况

附表4　示范县生姜生产情况

年份　　　　　示范县基地	播种面积（万亩）			产量（万吨）			产值（万元）		
	2015 年	2016 年	2017 年	2015 年	2016 年	2017 年	2015 年	2016 年	2017 年
莱芜综合试验站（山东莱城）	15.000	15.000	15.000	45.200	46.200	45.800	203400.000	231000.000	164880.000
莱芜综合试验站（山东沂南）	2.600	3.200	3.800	10.400	15.000	20.000	25500.000	52000.000	72000.000
武汉综合试验站（湖北来凤）	2.800	3.000	3.000	3.920	4.200	4.800	6389.000	9240.000	9600.000
成都综合试验站（四川犍为）	1.200	2.600	3.000	4.800	10.400	12.000	—	—	—
莱芜综合试验站（山东青州）	2.400	2.500	2.700	11.500	10.800	13.500	58000.000	54300.000	81000.000
唐山综合试验站（河北丰润）	2.100	2.140	2.640	9.240	9.420	12.140	18480.000	45197.000	55862.000
湘西综合试验站（湖南凤凰）	2.500	2.500	2.500	5.000	6.000	6.000	30000.000	24000.000	30000.000
遵义综合试验站（贵州石阡）	0.250	0.100	1.200	0.275	0.100	2.400	1100.000	341.830	9600.000
南昌综合试验站（江西信丰）	0.750	0.780	0.750	0.300	0.300	0.300	—	—	—
济宁综合试验站（山东兰陵）	0.900	0.800	0.700	5.000	4.600	4.000	12000.000	10000.000	9000.000
成都综合试验站（四川简阳）	0.600	0.550	0.700	0.600	0.550	0.700	2160.000	1870.000	4200.000
合肥综合试验站（安徽铜陵）	0.600	0.600	0.600	0.900	0.900	0.840	9000.000	10800.000	10800.000
合肥综合试验站（安徽岳西）	0.450	—	0.500	1.080	—	1.200	3240.000	—	3600.000
成都综合试验站（四川彭州）	0.500	0.500	0.500	0.750	0.750	0.750	—	—	—
渝东南综合试验站（重庆合川）	0.407	0.428	0.422	0.355	0.337	0.325	1135.000	1079.000	1041.000
渝东南综合试验站（重庆丰都）	0.291	0.123	0.323	0.334	0.390	0.323	2003.400	2107.200	3100.800

续表

年份\n示范县基地	播种面积（万亩）			产量（万吨）			产值（万元）		
	2015 年	2016 年	2017 年	2015 年	2016 年	2017 年	2015 年	2016 年	2017 年
合肥综合试验站（安徽舒城）	0.250	0.280	0.300	0.300	0.340	0.360	1800.000	1860.000	1925.000
南昌综合试验站（江西永年）	0.300	0.300	0.300	0.390	0.390	0.390	1560.000	1560.000	1560.000
湘西综合试验站（湖南永顺）	0.260	0.240	0.280	0.220	0.200	0.240	1100.000	1400.000	1180.000
十堰综合试验站（湖北襄州）	0.175	0.170	0.210	0.645	0.605	0.743	—	—	—
渝东南综合试验站（重庆涪陵）	0.104	0.133	0.149	0.174	0.181	0.210	—	—	—
十堰综合试验站（湖北郧阳）	0.135	0.140	0.140	0.264	0.264	0.265	—	—	—
石家庄综合试验站（河北定州）	—	0.100	0.100	—	0.500	0.500	—	700.000	700.000
十堰综合试验站（湖北谷城）	0.100	0.100	0.100	0.200	0.200	0.200	—	—	—
武汉综合试验站（湖北五峰）	0.100	0.100	0.100	0.200	0.200	0.200	400.000	400.000	400.000
大理综合试验站（云南鹤庆）	—	0.035	0.024	—	0.073	0.050	—	467.200	320.000
唐山综合试验站（河北抚宁）	1.430	1.060	—	6.960	4.990	—	—	—	—
包头综合试验站（内蒙古临河）	0.003	—	—	0.001	—	—	30.000	—	—

四、国内主要生姜专业交易市场

1. 昌邑大姜市场

中国（昌邑）大姜市场有限公司（山东宏大生姜市场有限公司原昌邑市宏大农副产品批发市场有限公司）始建于 2005 年，2006 年正式投入运营，该市场位于 206 国道与昌邑市区奎聚路交会处，占地面积 20 万平方米，建筑面积为 16 万平方米，交易平台为 8 万平方米，总投资 1.1 亿元，是农业部农产品定点市场，是农业产业化省重点龙头企业。

市场是集蔬菜、瓜果、水产、粮油禽蛋、生产资料等为一体的大型综合性农副产品批发市场，主要经营本地及周边地区种植的大姜和马铃薯为主，产品主要出口美国、日本及东南亚各国和国内 20 多个省、区、市，年交易额 30 亿元以上。市场内现有生姜加工机械设备 50 台（套）；恒温库 3 座，总库容达 3 万吨；冷冻库 2 座，库容达 1 万吨。带动昌邑市及周边区域农户种植大姜面积达 30 万亩，直接或间接增收 50 亿元。

已建立脱毒生姜原种扩繁基地 300 亩，繁殖脱毒生姜原原种产量 450 吨。建立生姜标准化生产基地 2 万亩，未来将完善基地灌溉设施，配套进行无菌处理，高产、无公害适用科学技术。

已通过 ISO9001：2000 国际质量体系认证，并且被银行评为"A"级信用单位，被省工商局命名为"守合同重信用企业"，2006 年度被潍坊市工商行政管理局、潍坊市精神文明建设委员会办公室、潍坊市市场协会评为"规范化文明诚信市场"。2010 年组织办理昌邑市大姜协会并且获得中华人民共和国国家工商行政管理总局商标局认定的"昌邑大姜"地理标志证明商标。

2. 安丘姜蒜批发市场

安丘市姜蒜批发市场位于市区西南 5 千米处、中国姜蒜之乡——白芬子镇境内，总占地面积 160 亩。市场始建于 1993 年，现已发展成为全国最大的姜蒜专业批发市场和加工中心，销售面覆盖全国 29 个省份和日、美、韩等国家，日交易额为 300 万元，年销售额达 10 亿元，出口创汇 1500 万美元，成为带动全镇和周边地区经济发展的重要龙头。

市场内部基础设施配套，功能齐全，建有商品房 2.7 万平方米，硬化地面 3 万平方米，供水站和供电所各一处，设有专用停车场、加油站、宾馆、饭店等服务设施和邮电分局、储蓄所、供销社等，建立了作为市场象征的标志塔和彩门。近年来，用于市场建设的投资达 3500 万元。为加强市场管理和服务，镇党委、政府组建了市场管理办公室，配备了 12 名专职工作人员，由两名副科级干部靠上抓；再是选调精干警力组建警务区，维护市场治安；同时，组织力量多次在中央、省、市电台、电视台和多家报刊进行宣传报道，大大提高了市场的知名度。现在常年在市场经商的外地客户有 600 多家，从事经商、打工的有 5000 多人。

五、新闻报道

姜批发价格下跌　小宗农产品价格为何频现剧烈波动

2017 年 11 月 22 日　来源：《羊城晚报》

作为小宗农产品的重要代表，今年以来价格不断走高的"姜你军"，入冬后却威风不起来。《羊城晚报》记者连日来调查发现，生姜的批发价格近期出现下滑，有的产地生姜批发价格环比下滑了 20% 以上。虽然同比去年价格未跌，但有业内人士担忧，生姜价格或难避免"过山车"局面。近年来葱姜蒜等小宗农产品价格不时出现大幅波动，再次引起业内关注。

生姜价格多年坐"过山车"

回顾多年以来的生姜价格，似乎确实难逃"过山车"的命运。根据业内人士掌握的相关数据显示，1996 年生姜曾达到每千克 25 元的高价，此后一路下跌，到了每千克 4 元以下，跌幅高达 84%。2004 年又涨至每千克 10 元，涨幅达到 150%。2013 年下半年至 2014 年生姜价格高企，达到每千克 26 元到 28 元以上，创下十几年来的价格新高。2015 年生姜零售均价基本保持在每千克 10 元以上，即使如此，生姜的价格也比最高时期下跌超过五成。

有业内人士认为，在这些价格波动背后，除了天气的原因，主要受供求量影响，比如生姜价格高企就会带来姜农不断扩大种植面积，导致供应量增大。今年 10 月份，新姜陆续上市，市场货源供应充足，况且新姜质量好，成本相对较低，市场需求逐步增加，也导致市场上的陈姜价格一路下跌。

今年的"姜你军"价格接下来将如何变化？昨日，一位广州江南蔬果批发市场的生姜批发商告诉羊城晚报记者，从产地的收购情况来看，预计生姜价格短时间内将持续下行趋势，直到元旦、春节来临需求增加，可能反弹上涨。

产地批发价格连跌

刚刚入冬的广州，注重食补的老广们对生姜的需求开始加大。不过，羊城晚报记者调查发现，生姜的批发价格近期一路下滑。相关数据显示，在生姜的主产地之一山东临沂市，10月初，生姜全市零售均价为9.84元/千克，随着新姜陆续上市，价格一路下跌，到11月12日，价格已降到8.08元/千克，40多天的时间内，每千克生姜掉价1.76元，降幅达17.89%，下跌明显。而昨日在多家生姜批发网站，记者看到，生姜主产区不同级别的生姜批发价格在3~6元/千克之间。

其实，与去年相比，今年的姜价并不算便宜。有数据显示，2016年10月初，临沂市生姜零售价格为6.06元/千克，与之相比，今年姜价的同比涨幅达33.33%。

在广州，零售市场的生姜价格近期平稳，上周，广州市菜篮子显示，生姜零售价格稳定为13.81元/千克。11月21日，这一均价保持不变。记者昨日走访广州天河、越秀多家肉菜市场发现，生姜价格多为14元/千克，京东等电商平台的生姜价格从9.2元/千克至48.2元/千克不等。

业内人士表示，生姜批发价格下跌，零售终端的消费者其实还未感受到实惠，但如果批发价继续下滑，则生姜种植户将面临巨大压力。有业内人士甚至预测，生姜还将面临"过山车"的风险。

小宗农产品价格为何频现剧烈波动？

葱姜蒜等农产品为何不时出现激烈波动？很多业界人士认为，当中有一定的游资炒作的因素，但供求关系还是主要原因。

有分析师认为，由于2013年下半年至2014年生姜价格高企，让姜农尝到了甜头，不少姜农跟风种植，全国性种植面积连续扩大，从而使得生姜总供应量不断扩大。

此外，近两年生姜行情太好，姜农惜售心理较重，大量囤货，手中持有的库存老姜较多，加之当下新姜大量上市，更加剧了市场的饱和度。自2015年10月份生姜收获入窖以来，全国性供应量很大。卓创分析师李涛表示，市场供大于求的局面明显。

李涛判断，随着后期天气转冷，市场需求可能会加大，陈姜的价格可能会小幅反弹。但多位分析师也建议姜农不要对后市盲目乐观，农户和销售商可以利用新姜大量上市前这段时间将陈姜积极出货。

近期"姜你军"等小宗农产品的价格波动，引起业界关注。不过，不少业内人士认为，由于葱姜蒜这类小宗农产品与小麦、玉米等大宗农产品相比，对老百姓生活的影响毕竟要小，因此还是应以市场调节为主。随着各相关方对其价格波动规律把握日益成熟，应对能力也将会不断提高。

"姜你军"威风不再　生姜价格持续下跌

2017 年 11 月 16 日　来源：《齐鲁晚报》

生姜价格连续走低。记者日前从临沂市物价局获悉，40 多天的时间，每斤生姜价格下跌了 0.88 元，下降幅度达 17.89%，

监测数据显示，从 10 月份开始，受新姜大量上市影响，临沂市生姜价格快速回落。10 月初，生姜全市零售均价为 4.92 元/斤，随着新姜陆续上市，价格一路下跌，到 11 月 12 号，生姜价格已下降到 4.04 元/斤，40 多天的时间，每斤生姜下跌了 0.88 元，下降幅度达 17.89%，价格下跌明显。

记者了解到，去年同期，生姜价格为 3.03 元/斤，同比增幅 33.33%，同比看今年生姜价格要明显高于去年。

物价部门工作人员分析，10 月份，新姜陆续上市，市场货源供应充足，况且新姜质量好，成本相对较低，市场需求逐步增加，迫使老姜的价格一路下跌。

考虑到新姜大量上市，市场货源充足，预计生姜价格短时间内将持续下行趋势，直到元旦、春节来临，市场需求增加，姜价可能出现现反弹上涨的趋势。

乌鲁木齐生姜一周上涨 70%

2017 年 9 月 12 日　来源：《新疆晨报》

"姜你军"又卷土重来。细心的乌市市民一定会注意到，最近几天生姜一天一个价，从以前的 10 元/千克左右，一个星期内蹿到十六七块钱/千克。

9 月 9 日，记者在好家乡超市青年店看到：生姜卖 16.99 元/千克。9 月 10 日，记者在东后街南三巷小马蔬菜店看到：生姜 16 元/千克。而蔬菜直销点的生姜也涨至 12 ~ 13 元/千克。

据北园春（集团）公司信息技术部统计数据：生姜从 9 月 1 日开始上涨，仅一个星期就从 7 元/千克涨到 12 元/千克，涨幅达到 70% 以上。

统计数据还显示，去年 9 月 8 日生姜批零价仅 4 块钱一千克。

"新的生姜要到 10 月底 11 月初才上市，去年种植的生姜即将销售一空。产地的批发价上涨了，所以新疆这边也跟着涨。"北园春农贸市场生姜批发户周维新说。

目前，乌市市场上销售的生姜普遍来自山东，其中老姜普遍卖 15 元/千克左右，仔姜普遍卖 20 元/千克左右。

一个多月临沂生姜价格下跌了近 20%

2017 年 11 月 15 日　来源：《齐鲁晚报》

"现在生姜便宜了，今天我多买了些，中秋节前生姜贵得厉害，那时我只舍得买一小块。"14 日，在超市买菜的市民周女士说。记者了解到，近期我市生姜价格连续走低，一个多月跌了近一元钱。

在市区站前农贸市场，记者了解到，黄姜的价格普遍在 4 元/斤左右，好的黄姜卖到 4.5 元/斤；姜母零售价在 1.5～2 元/斤；鲜姜零售价在 2.5 元/斤左右，但鲜姜的销售量很少，市面上也很少见。该市场专门做葱姜蒜生意的吴老板介绍，鲜姜是刚上市的新姜，水分较大，价格不如黄姜贵；姜母是作种种下去的那一部分，是生出新姜的老姜种，价格最便宜；黄姜是上一年的姜从窖子里拿出来的，一般水分不太大，口感好，姜味浓，价格最贵。在九州超市，记者看到，黄姜的零售价为 4.49 元/斤。

"中秋节前，黄姜最贵的时候卖到 6 元/斤，一般卖 5 元/斤以上，如今价格平均比中秋节前后便宜了 1 元/斤左右。"14 日，在站前农贸市场做了近 20 年葱姜蒜等调味蔬菜生意的姜老板告诉记者，他姓姜，和姜打了多年的交道，"虽然鲜姜上市了，但出售的少，因为价格便宜，姜农都将鲜姜入窖了。"

市物价局的监测数据显示，从 10 月开始，受新姜大量上市影响，我市生姜价格快速回落。10 月初，生姜全市零售均价为 4.92 元/斤，随着新姜陆续上市，价格一路下跌，到 11 月 12 日，生姜价格已下降到 4.04 元/斤，40 多天的时间，每斤生姜下跌了 0.88 元，下降幅度达 17.89%，价格下跌明显。去年同期，生姜价格为 3.03 元/斤，同比增幅 33.33%，同比看今年生姜价格明显高于去年。

业内人士分析，黄姜价格下降的原因有：10 月份，新姜陆续上市，市场货源供应充足，况且新姜水分大，成本相对较低，市场需求逐步增加，使黄姜的价格一路下跌。考虑到新姜大量上市，市场货源充足，预计生姜价格短时间内将持续下行趋势，直到元旦、春节来临，市场需求增加，姜价可能出现反弹上涨。

上犹县生姜产业精准扶贫显成效

2017 年 12 月 28 日　来源：农村经济司子站

"今年的生姜行情非常好，价格节节攀升，按照目前市场行情，亩产值可达 30000 多元，加入生姜合作社的村民到年底分红时，每户可以获得 60000 元以上的收入。"赖作昆拿着一块块鲜黄稚嫩的生姜对笔者说。日前，笔者走进上犹县平富乡庄坑村，村民赖作昆正带领着生姜合作社成员们在姜地里忙着采收，脸上洋溢着丰收的喜悦。

在前几年，农户们外出打工赚钱改善生活条件，现在该村通过兴办生姜合作社，吸纳了近 100 名农村劳动力，大部分是上有老下有小、不便外出务工的精准扶贫对象。"我准备明年加大投资规模，增加种植面积，带动更多的乡亲们脱贫致富。"望着眼前绿油油的生姜基地，赖作昆信心满满地说。

一个产业带富一方百姓，这得益于该乡依托优势资源，开展精准扶贫工作探索实施的"双带双示范"模式，即通过扩大培育一批示范基地和示范合作社，以示范基地和示范合作社的带动作用，让更多的贫困户积极参与到发展产业中来。据悉，上犹县平富乡庄坑村自古以来就有种植生姜的传统，生姜产业已成为该村的支柱产业，种植面积超过了200亩。

丘北温浏乡发展生姜产业助力精准脱贫

2017年12月25日　来源：中国财经新闻、《网云南经济日报》

近年来，丘北县温浏乡在脱贫攻坚工作中，结合实际大力发展生姜产业，引资在羊街行政村成立生姜加工企业，使生姜种植形成了"企业＋农户＋市场"的产业化发展格局，确保了包括建档立卡户在内的广大姜农能够种得好，卖得出，提收入。

走进位于温浏乡羊街村民委所在地的生姜加工厂，生产线上到处都是忙碌的身影，姜农正不断将采挖的生姜运到厂里销售。"加工厂在这里，挖了以后就直接拉过来卖，太方便了。今年我家栽了3亩多，1亩产量有3吨左右，按保底价每吨1500元收购，可以卖得1万多块钱。"生姜种植户聂炳全高兴地算了这样一笔账。

据了解，这个生姜加工企业是温浏乡于2016年8月引资近百万元建设成立的，收购范围覆盖了该乡的10个行政村，这既方便了姜农就近就地销售生姜，也提振了当地干部带动群众发展生姜产业的信心。羊街行政村党委书记张吉洪介绍说，该企业主要以生产加工姜片为主，切片烘干处理后的姜片以订单的形式销往安徽的相关企业，经过再次加工后销售到韩国、泰国等市场。有了这个生姜加工厂，姜农底气足了，也有利于乡村干部动员群众发展生姜种植，特别是对建档立卡户脱贫摘帽帮助很大。为保证收购的新鲜生姜能及时加工处理，每天都有15个员工在生产线上轮流作业，这些员工都是本地的建档立卡户，每年仅发放工资就有30万元左右。因为有企业收购作保障，温浏乡的1695户建档立卡户都参与了生姜种植，以此增加了收入。

在生姜加工企业的带动下，温浏乡2017年发展生姜种植面积达1万余亩，涉及农户3000余户，截至目前，该企业已收购加工生姜3000多吨，实现姜农销售收入500多万元。"企业明年还将增加一条生产线，推动当地生姜产业的发展，助力精准扶贫、精准脱贫，以实现企业和贫困农户的'双赢'。"生姜加工企业负责人郭东平说。

姜地铺地暖催生"蔬菜姜"

2017年12月28日　来源：《莱芜日报》

核心阅读：12月21日上午，汶南生姜种植专业合作社总经理毕学堂到莱城某快递公司，结算近一个月以来鲜姜配送物流费用，总共是 3 万多单，合计 12.8 万元。按说，眼下这个季节已经不适合种植大姜了，市面上也很少能见到鲜姜的身影。但是，汶南生姜合作社种出的十来亩地的鲜姜，才陆续上市。

在高庄街道，沿着鄂牛路向西，在东汶南村北路边的生姜种植合作社院内，6 个蔬菜大棚格外显眼。走进棚内，翠绿的姜苗，长势正旺，非常喜人。一般来说，大姜是在每年的 4 月进行种植，10 月收获。在冬天种大姜，而且还能有鲜姜要上市，这还真是少见。

众所周知，东汶南村是中国生姜发源之地。1960 年 2 月 13 日，八省二市生姜发展会议就在东汶南村召开的。会后，东汶南村奔赴全国各地发展生姜种植，经过了半个多世纪的发展，全国生姜种植面积扩大了上千倍。

东汶南村因姜出名，但过去传统的种植方式，已经远远落后于其他地方。从前年开始，东汶南村党支部书记亓新华就一直在探索汶南生姜的发展路子。通过上级党委联系市农科院专家，研发了种植新技术。同时引进了电子商务专业的大学生毕学堂回乡创业，形成了党支部＋农科院专家＋大学生创业的新模式，带动全村发展鲜姜种植。

在大棚里，毕学堂托起一组鲜姜介绍，首先从外形上，市面上的大姜呈现暗黄色，我们基地里的大姜是鲜黄色，而且还有红芽，非常漂亮。再看一下大姜的内在品质，市面上的大姜，姜丝比较多，纤维比较粗，吃起来比较辣，只能当作调料食用。我们的鲜姜，纤维比较细，姜丝少一些，吃起来不辣。毕学堂掰下一块，放入口中，咯吱咯吱嚼起来。他说，这个鲜姜可以当土豆、芹菜那样炒着吃，也可以作为调料品来食用。这就是汶南新一代蔬菜生姜更胜一筹之处。

现在市面上卖的大姜，大多出自地窖或者冷库，这种姜俗称为黄姜，大约每斤 3 元左右。和黄姜相比，刚上市的鲜姜卖相好，品质高，再加上在市场上比较少见，所以卖价高出了一大截儿！每斤定价在 20 元，大约是市面黄姜价格的 7 倍。目前，基地的鲜姜虽然还没有大面积采收，但已经被预订了一大部分，销售非常火爆。

卖价高，需求量大。如果今后家家户户一年四季都能当家常菜一样炒着吃生姜，看来这种种植鲜姜的技术，相信很快会得到推广。大姜喜温，不耐霜寒，要想让它正常生长，最重要的一个条件就是，地温要达到 20℃以上，比较适宜的温度是 22℃到 24℃。

之所以这个季节还有鲜姜上市，主要是得益于我们的管道设施。毕学堂向大家展示，这是热水管，这是冷水管，在每一个热水管的侧面有很多小阀门，阀门和细管道连接，细管道位于每一行大姜根部以下 20 厘米处，热水通过小细管流入之后，提高地温，不断促进大姜生长。热水会回流到冷水管，冷水管和锅炉相连，这样可以不断加热。

一头连着锅炉，一头连着大姜地，管道里的热水一直在循环流动着，这就好比是给大姜装上了地暖，能让地温长期维持在一个合理区间内，这样就满足了大姜的正常生长需求。通过这种技术模式，一是保证了冬天照样能有鲜姜上市，能卖个好价钱；再就是增加了大姜的产量。

亓新华说，我们东汶南村的大姜是在 1 月份种植，5 月份收获，在九月份又重新种植，然后到 12 月底收获。这样的话，一般的大姜一年只能产一季，东汶南村的大姜一年产能两季。如果按亩产大姜在一万斤左右。全年总算下来，平均一亩地，收入至少是一般农户的 2 倍以上。

宁阳"氯化苦熏蒸土壤"生姜高产高效

2017 年 12 月 01 日 来源：《农民日报》

"前些年这姜地犯重茬，产量一路下滑。今年初，咱请人用氯化苦熏了土壤，果然管用，一亩地能产 8000 多斤，行情也不错，算下来一亩地能纯挣一万块。"近日，在山东省宁阳县蒋集镇马庄村，姜农周兵喜滋滋地说。

据了解，生姜是蒋集镇近年来重点发展的经济作物，但由于多年连续种植，导致土壤内土传病虫害严重，生姜产量大幅下降不说，质量也难以保障。对此，宁阳推进了"银行＋专业化组织＋种植户"的产业提振战略，由宁阳农商行提供生姜农资专项贷款，专业化组织提供氯化苦土壤熏蒸服务，解决了这一难题。该镇生姜种植面积目前稳定在 6000 亩以上，户均种植收入稳定在 2 万元以上。

"文冬姜"创新产业链成果发布会在京举行

2017 年 12 月 29 日 来源：《经济日报》、中国经济网

12 月 27 日上午，"一带一路"中国马来西亚农业深度合作典范——"文冬姜"创新产业链项目在京举办项目成果发布会。马来西亚农业与农基产业部副部长拿督·诺杰·阿纳·甘贝尔（YB Dato Nogeh Anak Gumbek）、马来西亚内政部副部长拿督·马萨尔·阿纳·库吉德（YB Dato Masir Anak Kujat）、中国农业大学食品科学与营养工程学院院长胡小松、中国农学会农产品储藏加工分会副秘书长倪元颖教授、文冬姜品牌代言人李小白先生、民政部培训中心老年康复中医专家孙永全教授以及社会各界人士 200 余人出席了此次发布会。

马来西亚是"一带一路"重要节点国家、东盟重要成员国，中国的重要贸易合作伙伴。为进一步加深中马两国在农业领域的深度合作，2016 年 11 月纳吉布总理访华期间，两国签署了《农业合作谅解备忘录》，旨在提升包括农产品贸易在内的农业合作，促进农业投资，加强能力建设和农业科技交流。

2016 年 8 月，明俞大成董事长俞明子带领团队前往马来西亚云顶高原地区考察调研期间，接触到马来西亚原产地经济作物文冬姜，并对马来西亚原产地特色农产品"文冬姜"进行合作开发，同时在马来西亚成立 MING YU TREASURES SDN. BHD，联合马来西亚以及中国科研机构，专注"文冬姜"的种植、生产、收购、深加工及产品国际贸易之"文冬姜"创新产业链项目开发，开启了中马两国农业深度合作之旅。

据项目运营方负责人俞明子在发布会介绍，经过近一年的努力，文冬姜项目取得了阶段性的成果：已在马来西亚云顶高原文冬地区协议签订 1800 英亩文冬姜种植土地，该地

块位于马来西亚政府认定的"文冬姜原产地"之核心重点区域；项目运营方获得马来西亚政府部门授予的"文冬姜收购及出口独家经营权"，并在 2017 年将文冬姜成功引入中国市场；与中国农业大学合作研发的极暖·文冬姜冻干粉、极暖·文冬姜暖露等深加工产品也即将面市。

在此次项目成果发布会上，马来西亚农业与农基产业部副部长拿督·诺杰·阿纳·甘贝尔（YB Dato Nogeh Anak Gumbek）对"文冬姜"创新产业链项目取得的阶段性成就表示祝贺！希望更多的中国企业家到马来西亚投资兴业，开展更多的中马两国农业深度合作项目。

马来西亚内政部副部长拿督·马萨尔·阿纳·库吉德（YB Dato Masir Anak Kujat）表示：马来西亚政府将在交通、贸易、安全等方面营造更好的投资环境，为包括中国在内的世界各国到马来西亚投资兴业的企业提供最优质的服务。

据中国农学会农产品储藏加工分会副秘书长、中国农业大学国家果蔬加工工程技术研究中心倪元颖教授介绍：位于赤道5°土地肥沃、天然山水滋养、无污染的马来西亚云顶高原文冬地区，出产多种名贵药材，素有"世界药房"之美誉，文冬姜即产自该地域而得名。文冬姜的姜辣素含量高出普通生姜 20 倍，又因其一年耕种、四年休耕、五年一季的高品质种植模式，正宗原产地文冬姜的面市量极少而被誉为"姜中之皇"。

与会的民政部培训中心老年康复中医专家孙永全教授介绍：姜原产东南亚的热带地区。在中国，生姜的食用及药用的历史悠久，自古被医学家视为药食同源的保健品。孙教授同时表示：通过临床试用"文冬姜冻干粉""文冬姜炼油"所取得疗效与一般姜产品的疗效对比，文冬姜疗效优势明显高于普通姜产品。

"文冬姜创新产业链项目"系列产品形象代言人——新丝路集团创始人、中国模特儿"教父"李小白先生也应该出席了本次项目成果发布会，分享了"自己与文冬姜结缘趣事"并强调了自己作为"形象代言人"社会责任。

最后，中国农业大学食品科学与营养工程学院院长胡小松在发言中指出，科学检验证实：文冬姜蕴含着许多有益于人体肠道内环境的物质。人体主要承担营养吸收的部位在肠道，肠道内环境各菌群之间正常且处于平衡状态，则人体是健康稳定的。中国农大食品科学与营养工程学院作为世界排名前三的专业食品科学与营养工程教研机构，今后将进一步与明俞大成展开紧密校企合作，并将在技术上与马来西亚、新加坡等研究中心展开横向合作，针对文冬姜有益物质的提取、深加工进行一系列探索和研究，让文冬姜更好地造福于人类健康。

阔步走向辉煌的山东莱芜生姜产业

2017 年 12 月 26 日　来源：山东农业信息网

食以安为先，安以责为要。生姜千百年来一直是人们餐桌上须臾不可或缺的保健品和调味品。多年来，莱芜市作为重要生姜种植基地，历经规模由小变大、产业由弱渐强的历史演替。时至今日，生姜产业已经成长为莱芜的特色产业、支柱产业、创汇产业。在这背后，是广大姜农姜企始终坚持生产"放心姜"产品、打造"保健康"品牌的持久不懈努力，小姜片铸就大品牌，一曲《生姜赋》在赢牟大地逾唱逾响……

12月23日，记者从市农业局获悉，在2017供给侧改革与果菜产业绿色发展全国年会暨第十五届中国果菜产业论坛上，"莱芜生姜"被评为"2017全国十佳蔬菜地标品牌"。这是继2017年初级农产品类地理标志产品品牌价值评价"莱芜生姜"品牌价值达123.66亿元和"山东省首批知名农产品区域公用品牌"获得又一殊荣。

近年来，按照"做强产业，做响品牌"的目标，坚持"特色、绿色、彩色"发展思路，加快新旧动能转换，打造龙头挺起、基地依托、科研攀高和三产融合"四位一体"，做大叫响"莱芜生姜"区域品牌、"莱芜姜，保健康"文化品牌，形成"创建一批、提升一批、储备一批"的生姜品牌发展良好局面和建立"培育名牌、发展名牌、宣传名牌、保护名牌"有效机制，生姜产业走上品牌化发展路子。

挺起高昂的龙头，阔步向高端产品进军

偌大的生产车间井然有序，先进的加工设备一应俱全，全自动生产流水线国际一流，生姜深加工产品集装箱整装待发……目前万兴公司依托生姜精深加工技术和规模优势，引进一流的美国整装脱水生产线，建设320亩的现代化脱水产业园和170亩的腌制产业园，形成国际领先、全球资源调配的一流调味品现代农业产业园。仅脱水产品一项，由此走出国门、走向世界，每年出口达到12000多吨，总出口额4.5亿元。

而东兴源食品公司，大力坚持科技强企战略，引进国际先进精深加工设施，加快改造传统优势产业，培育农业发展新动能，质量标准提升让小公司实现大转型。进一步发展市场空间更为广阔"姜茶"产业，"卖姜翁"系列有机姜茶获"北京中绿华夏有机食品认证中心"有机认证和第18届绿色食品博览会金奖，产品入驻2017"第二届有机大会"品牌榜，姜茶系列产品年销售额达到700多万元。

据介绍，近些年莱芜市立足区域优势产业发展，加快企业设备更新改造和技术创新步伐，不断提升企业产品档次水平，生姜加工品从保鲜姜块、腌渍姜块（姜片）、姜芽，发展到保鲜、腌制、脱水、速冻4大系列100多个品种。按照"集约化布局、集群化发展"发展思路，集中建设生姜产业化加工园区，引导企业向园区集聚。

不仅如此，积极发展"龙头企业＋农户""龙头企业＋基地＋农户""龙头企业＋合作社＋农户"等多种经营形式，从体制上不断健全和完善龙头经济组织与基地农户利益连接机制，把生姜特色产品品牌推向国内、国际市场，实现农户小生产和大市场的有效对接，加工企业（合作组织）转型升级让传统主导产业"老树开新花"，产品打入上海、沈阳、济南等20余个大中城市，并远销日本、欧盟、韩国、新加坡等国家和地区。

另外，通过市场化运作加速地理标志的应用，进一步明晰了商标所有人与使用人的权、责、利关系，规范约束双方权利义务，促进更多企业使用地理标志集体商标，将分散的农户以地理标志商标为纽带、以龙头企业为平台，使农民共享地理标志商标增值带来的好处。积极引导企业实施品牌认证，全市生姜品牌达到 30 多个，基地面积占到总面积的 80% 以上。

据统计，目前以生姜为主的出口、加工、流通企业发展到 244 家，涌现出万兴、裕源、一品、泰丰、东兴源等一大批深加工企业，年加工能力 80 万吨，姜制品率达到了 30% 以上，年出口生姜及制成品 30 万吨。牵头领办或创办的合作社已有 400 多家，将 20 万多家农户带进产业化经营体系。

多措并举，倾力打造全国一流标准化种植基地

"在确保生姜产业安全的前提下，结合我市基本市情、农情，提高生姜生产效率，只有一条，那就是积极发展多种形式的适度规模经营。"市农业局局长谢天目强调指出，只有经营的规模达到一定水平，很多先进的科技才可以用，推广农业清洁生产方式才有可靠的支撑。

基于此，近几年，全市大力推行"村委牵头、农户分租、企业承包"土地流转模式，以"企业＋企业""合作社＋合作社""基地＋基地""农户＋农户"等区域联合形式，引导企业、合作社建立生姜生产基地，与农民结成利益共同体，推行生姜规范化管理和标准化生产。

以土地规范流转为基础，按照"十有""五要"标准，构建"企业＋合作社＋基地＋农户"的组织模式，建立生姜产品标准化生产技术指导、市场监管、安全抽检、事故应急处置等规章制度，设立生姜产品质量安全监管员。初步建立生姜产品安全"部门责任链—监管信息链—技术控制链—标准基础链"的链接模式，基本建成区域性生姜产品质量安全追溯系统。目前，规划建设发展 20 万亩生姜产业基地，进一步打造生姜产业地域特色品牌。

以万兴为例，通过土地流转建立各型标准化种植基地 30000 亩，自属标准化基地 3500 亩，搜集国内外质量标准 125 项，进行各项 GAP 试验 198 项，创新生产技术 18 项，成功取得 EUROPGAP 标准认证。实行水肥一体化管理，建立绿色防控体系，利用飞防作业等先进手段，从源头保障生姜品质，真正形成"市场引导企业，企业带动基地，基地链接农户"运行机制。仅土地流转金一项，每年给当地农民增收 210 余万元，人均年收可达 25000 余元。

同时，东兴源食品公司针对生姜连年重茬种植、盲目使用农药和加工方式落后等诸多问题，积极推广酵素应用技术和低盐姜片加工关键技术，生产过程引入 HACCP 体系、BRC 食品安全体系以及 IFS 国际食品安全体系综合管控，大大提升莱芜生姜及其加工产品（卖姜翁头道菜）的品牌化发展水平。

近年来，全市先后发展生姜专业村 50 余个，其中莱城区羊里镇西留村和羊里镇分别被命名为全国一村一品生姜示范村和专业镇。如今，莱芜作为生姜主产区有"户均一吨姜"的说法。这里的生姜吸吮泰山之灵气，汲取汶水之精华，沿袭优质栽培之模式，促成独有的优良品质，成为历代贡品、姜中珍品、营养佳品以及重要的出口商品，标准化让

"莱芜生姜"品牌叩开了通往国际市场的大门。

科技联姻，创新驱动抢占产业制高点

12月24日，在万兴公司产品展厅，姜片、姜粉、姜茶等各种精致系列产品琳琅满目，经过精深加工特色生姜产品实现"身价"快速规模膨胀，年加工出口生姜5万吨，销售收入达到4.5亿元，姜老大生姜被评为"山东省首批知名农产品企业产品品牌"。据总经理柳建增介绍，积极建立院士工作站，建立定期巡回技术指导新机制，探索可借鉴推广的合作发展新模式，提高科技成果转化能力和推广效率转化孵化基地、创新搭建成科研果转化平台，不断提高科技成果在生姜生产上的贡献率。

今年以来，莱芜市积极攀亲"国家杰出青年科学""泰山学者""国家千人计划"和中国工程院院士等生姜研发高端人才，新成立的葱姜蒜院士工作站、生姜工程技术研发中心和生姜产业技术创新战略联盟等12家科研机构，开发出"食、药、卫、健"系列产品。万兴公司与江南大学、裕源食品与省科学院、东兴源食品与山农大、泰丰食品与四川省工业食品设计院等开展产学研合作，从"一枝独秀"到"满园争春"，实现创新驱动抢占产业制高点，莱芜生姜品牌化硕果盈枝。

据悉，针对特色生姜产业发展的重大需求，推进生姜全产业链研究、开发、集成和创新关键技术和共性技术并示范推广，打造成人才集聚的平台，科技创新的平台，示范推广的平台，国际合作的平台。国家特色蔬菜产业技术体系生姜试验站成功落户莱芜，构建起"1名院士＋28个岗位科学家团队"的服务体系，莱芜生姜产业发展上升为"国家战略"，生姜产业发展迎来又一个春天。

此外，积极培育新型现代职业农民，有计划、有步骤地对技术人员和姜农进行培训，使每个基地都有一批科技带头人，每户都有1名技术明白人。生姜种质资源圃已累计引进种质120种190个引种号，形成全国最大的生姜种质资源基地和一流的农业旅游观光园。制定《生姜生产技术规范》国家标准，集成创新生姜双膜一网、早春设施栽培、绿色防控、土壤熏蒸消毒、光营养综合调控、秋延迟、大型姜窖储存保鲜等安全、优质、高产栽培关键技术，积极示范推广生姜绿色安全高效轻简栽培技术。

以生姜"秋延迟"高产高效栽培技术为例，全市最高亩产10861.91千克，平均亩产7646.12千克。其中，农高区寨里镇魏王许村孙向伦地块，11月6日比10月16日亩增1314.89千克，增产23.38%；雪野旅游区大王庄镇下崮村泰丰公司基地亩增1881.12千克，增产37.29%。

一二三产融合发展，积极培育新业态提升产业效益

"农村一二三产业融合发展以农村一二三产业之间的融合渗透和交叉重组为路径，以产业链延伸、产业范围拓展和产业功能转型为表征，带动资源、要素、技术整合集成和优化重组。"据谢天目告诉记者，目前生姜特色高效产业加快由生产环节向产前、产后延伸，重点拓展"两个市场"、品牌文化推介和发展特色新业态，构建一二三产业交叉融合一体的现代生姜产业体系。

用国际视野全域理念谋划生姜市场化发展。通过改造升级提升市场、应用信息技术建设市场、培育中介组织搞活市场和放眼国内国外开拓市场。万兴公司立足买全国、卖全球经营理念，在新疆、甘肃、内蒙古建立种植、加工基地，现为美国 ASTA 会员，成为美国味好美集团、联合利华、雀巢、土耳其 KUTAS 等集团的全球供应商。

充分挖掘姜文化基本内涵宣传推介生姜品牌。以特色生姜品牌注册、培育、拓展、保护等手段，充分发挥企业创建培育和宣传推介的主体作用、行业协会创新品牌产品推介方式桥梁作用，加强企业和产品品牌宣传推介平台建设，把"养生保健康，天天吃生姜"的理念传播到千家万户。目前，成立"生姜文化研究会"，建立"姜文化养生"公众平台，制作生姜宣传形象——"姜宝"，先后编辑出版《姜文化》5 期和《莱芜生姜》《莱芜姜保健康》等著作，开设网店，融入"互联网＋"新时代。

截至目前，全市影响比较大的品牌有山东万兴食品、莱芜东兴源食品生产的"姜老大""头道菜"生姜制品，山东孔之道生产的"孔之道"姜汤，山东四季风酒业生产的"四季风"姜酒。"通海""赢牟""绿宝""汶源""一品""菜卓艳""鲜百汇""成地旺"生姜被认定为国家级无公害农产品，"鹏泉""姜宝""裕源""裕康""鲁莱明利""齐鲁植保堂""懒鹦鹉""绿野鲜荟"生姜被认定为绿色食品。"姜老大"和"泰山"牌生姜被认定为有机产品。

据了解，"大数据"和"互联网＋"等新一代信息技术加速向现代生姜生产、经营、服务与养生文化领域的渗透，发展订单签约、产品销售、物流配送，探索建立生姜特色品牌产品网上商城，形成线上与线下相结合的现代生姜产品市场营销体系，大力发展具有莱芜特色的"新六产"。特色生姜产品先后在天猫、淘宝、京东等国内电商平台开设品牌旗舰店，着力打造"姜文化"特色养生休闲园区，促进以生姜为主题的"休闲、保健、科普"特色旅游产业发展。

时下，莱芜生姜特色品牌化建设不再单是各级政府的责任担当，更成为广大姜企姜农的现实路径选择。莱芜生姜甲天下，药食同源济苍生。莱芜生姜好，有口皆碑。这一切，在《生姜赋》有最贴切的赞誉：植物黄金牟国栽，养颜养气养生材。人间自有灵丹药，何累神仙下界来。

生姜种植面积或继续扩大　　未来行情未必尽如人意

2018 年 3 月 29 日　来源：央广网

据中国乡村之声《三农中国》报道，春耕大忙时节，生姜进入种植期。主产地山东等地已经开始下种，河北地区的姜种采购商也早早地去产区为姜种采购做准备。

从目前全国大姜和小黄姜产区农户拿姜种的量和交易热情来看，预计今年生姜种植面积仍将继续扩大，但未来产新生姜的市场价格未必会尽如人意。

农忙时节，在四川生姜主产地之一的乐山市西坝镇，当地的姜农们正忙着栽种生姜。

村民万志强说，这几年种植生姜的效益一直不错。

记者：今年你家种植了多少亩的生姜啊？

万志强：种了三十多亩。

记者：收益怎么样？

万志强：最近连续几年，每亩都是一万多元的收入，共有三四十万元的收入。

西坝生姜种植协会的会长车同友介绍说，西坝镇从明朝就开始种植生姜了，好的品质是生姜价格的保证。

车同友：生姜种苗就选择这种饱满、光泽的，无病虫害。播种下去就是用肥，用人畜肥、油枯、草木灰，一点化学肥料不用，保证生姜的品质。

据了解，目前西坝镇生姜种植面积达到了3000多亩，带动2000余户农户增收。

西坝镇党委书记赵向锋：

一亩生姜，是种植一般蔬菜效益的四倍。西坝镇在发展生姜种植方面，改变过去以产量为主的生产方式，转为以质量提升为主，拒绝农药、化肥、激素，生产有机生姜。

在生姜种植的现场，除了姜农们忙碌的身影，田间地头还有三三两两的生姜收购商提前来订货。

重庆生姜收购商黄绍强：

我是从重庆赶过来的，因为西坝生姜在我们重庆销售非常好。我来提前订购一批心里踏实，我先来交一批订金，等大规模上市的时候我再来大量采购一批。

目前，各地生姜产区逐渐进入农忙期，主产地山东已有部分农户开始种植，农户无暇出货使得产地整体供货量略少，农户要价强硬，对行情期望较高，低价不卖。

卓创资讯提供的数据显示，近20天的时间，产地生姜价格整体呈现稳中走高趋势。当前安丘黑埠子市场带泥生姜主流均价1.80元/斤，较20天前的1.60元/斤上涨12.50%，昌邑宏大市场水洗货源主流均价2.95元/斤，较20天前的2.40元/斤上涨22.92%。

卓创资讯分析师刘帅：

第一，产地农忙。近期农户陆续整理田地、催芽，甚至有部分农户已经开始种植，无暇出货。第二，低温和降雨天气。3月16日山东生姜产地迎来了低温天气，部分产地甚至降雨，农户卖货不积极。第三，批发市场客商提前储备货源。山东产地生姜陆续进入种植阶段，部分批发市场客商担心后期产地供货紧张，提前从产地拿货，产地生姜走货加快。

专家分析，随着产地生姜逐渐进入农忙高峰期，农户卖货量存在进一步减少可能，大多要价强硬，不愿降价出售。但由于批发市场生姜走货未见明显好转，外贸订单也不多，储存的客商观望情绪也较强烈，价格持续上涨缺乏利好支撑。

卓创资讯分析师刘帅认为，短期产地生姜价格行情以稳中小幅波动为主，若农忙高峰期上货量大减导致市场缺货，行情仍存偏硬可能，建议农户还是按序出货。

刘帅：从生产方面来说，今年生姜种植面积继续扩增已成定局，预计总体扩种面积

10%左右。从销售情况来看，目前农户惜售情绪相对较高，卓创资讯建议农户合理安排出货时机，有序出货，不要再造成类似去年把货源留到后期集中出货的情况，若造成后期集中出货，将对整体行情的走高起到限制作用。

<h2 style="text-align:center">中国工厂关闭造成出口延迟
全球市场报告：生姜</h2>

来源：全球果蔬网

由于污染严重，中国政府勒令中国姜都安丘市80%的姜厂停业。中国姜在世界市场上占主导地位，停产举措在全球范围内造成了显著影响。欧美地区对中国的生姜形势和如何解决这一问题看法不一。在生姜的另一主要产国印度，由于时逢多个宗教节日，生姜的价格正在上涨。第三大生姜产国尼日利亚的需求有所下降。这一非洲国家似乎无法与中国和印度相竞争。由于去年的不利市场行情，今年巴西的生姜种植量下降。欧洲和美国的进口姜市场在夏季期间较为平静，需求将在冬季开始时再次上升。

尼日利亚：对生姜的需求减少

该西非国家是全球第五大生姜产国，主要提供鲜姜，但产季较短，只从十月持续至二月。目前的生姜价格约为每吨1000美元。由于通货膨胀和本地区经济衰退，生姜价格已有所上涨。尼日利亚姜的主要市场是美国、英国和一些亚洲国家。对尼日利亚姜的需求似乎在下降，其主要原因是来自中国和印度等国的直接竞争。尽管该国是生姜的主要产国，但许多市场更偏爱印度或中国的产品，因此，该行业最重要的挑战是寻找新的目的地并占据一些出口市场。

中国：工厂关闭延迟出口

目前市场上销售的生姜于去年十月收获。据"姜都"山东安丘的一位生产商说，今年的产量比去年高出5~10个百分点。去年六月时，生姜的价格达到7000元/吨，比前一年同期高出150%。价格的上涨是因为山东种植商届时处于最繁忙的时段。此外，该市场正在引入资本，从而带来了5月以来的市场投机。种植商不愿出售生姜，因为他们看到价格上涨。

截至8月13日，由于中国当局施加了更严格的环保要求，大多数生姜公司被迫暂时停业。目前，80%的公司已停业，出口因此延误。近几周来，安丘的出口量大幅下滑，价格继续上涨。9月时，生姜的旺季即将开始，预计届时这些问题将得到解决。目前，各公司还在等待环境检查员的更多检查。

印度：由于宗教庆祝活动，生姜价格上涨

由于庆祝多个宗教节日，生姜的价格正在上涨。生姜的收获季已结束，这意味着大部分产出已上市。目前生姜的 FOB 价格约为 80 卢比（1.05 欧元/千克）。尽管价格正在上涨，但市场保持稳定。由于产量巨大，仓库已满，但由于该国国土辽阔，各地区的情况不尽相同。有些地区目前仍在进行少量收获。一旦下季开始，价格就会下降。生姜季通常从11 月持续至次年 5 月或 6 月中旬。该国向孟加拉国、巴基斯坦、尼泊尔、不丹和缅甸等邻国出口生姜。孟加拉国也已将迎来宗教节日，这也将导致价格上涨。尽管季风导致了洪水，但生姜市场预计将保持稳定。

意大利："发现"生姜

直到几年前，生姜在意大利鲜为人知。由于烹饪节目和移民数量的增加，生姜已在意大利流行起来。该产品现在已可以在超市和零售商处找到。8 月底，消费者可以在超市里买到中国有机姜，价格约为 6.60 欧元/千克。生姜从中国或南美进口，因季节而异。传统生姜的超市零售价约为每千克 2.89 欧元。一位批发商告诉我们，他们只从泰国或巴西进口生姜，而不购买中国产品。"很多人说，中国等同于低质量，尽管并不总是如此。"夏季时的销售额较低，但市场将从 10 月开始复苏。

法国：消费者关注价格

秘鲁、巴西和泰国曾出口法国，但中国自 10 至 15 年前起占领了这一市场。中国的生姜季比巴西长，这给其带来了优势。据一位贸易商说，巴西、泰国和秘鲁生姜的质量更好，但消费者对原产地不感兴趣，只对价格感兴趣。中国姜并不总是最便宜的，但价格有时迅速下降，然后再次恢复。据该进口商介绍，中国生姜导致市场价格下跌，之后其他国家也跟随这一趋势，之后再推高价格。"他们在大蒜市场上也是一样。"一位进口商表示。

生姜市场依赖于产量。随着供应量的增加，市场价格下滑。目前的价格应有所上涨，但涨幅并不如预期的那么高。目前为 1 千克的价格在 10 ~ 25 欧元之间。

荷兰：高姜价——投机还是短缺？

中国姜的售价目前处于 17.50 ~ 22 欧元/千克的高位。夏季时，供应量通常会略低一些，炎热的天气也导致需要下降。进口商称，他们正在静观行情动态。来自中国的供应目前很低，但不清楚是由于投机还出货量的减少。巴西生姜季刚在几周前开始。就价格而言，巴西姜通常比中国姜贵一些，但现在进口商预计两国生姜的价格将变得非常相似。巴西生姜季将持续至 9 月，中国新姜则将在 10 月收获。

据进口商称，近年来，生姜的受欢迎程度有了很大的增长，许多超市现在都供应有机和常规生姜。东方菜肴正在变得越来越受欢迎，而且生姜被广泛用于茶和餐点的制作中。作为生姜受欢迎程度增加的一个副作用，越来越多的进口商正在进入这一市场。例如，在Fruit Logistica 后，许多进口商联系中国供应商，希望试进口一货柜，因此，四月和五月的价格通常会下降。

比利时：中国生姜价格高

据一家进口商称，15 天内，中国生姜的价格从每吨 11 美元上涨至 16 美元。价格的上涨是中国政府干预的结果——中国政府关闭了一些污染严重的大型姜厂。此外，欧洲有着很好的需求，这意味着许多进口商想进口更多生姜。据该贸易商称，欧洲已存在三周的生姜短缺，这一问题解决之前仍需一个半月时间。

本周，欧洲市场上的生姜价格为每千克 1.42 欧元。市场上有足够的中国生姜供应，因此进口生姜的价格预计在未来两周有所下降。在一个半月内，中国的新收获季即将开始。新姜将从 2018 年 1 月起在欧洲上市。

巴西：生姜种植量下降

尽管与去年相比，巴西的生姜种植面积下降了约 30%，但仍有足够供应。去年，由于供应量较大，生姜的价格偏低，导致种植者今年的种植量下降。去年的生姜价格在每箱 15 到 18 美元之间，但今年将在每箱 24 到 30 美元之间。一位贸易商称："目前的姜价为 32 美元，这是一个合理的价格。"4～6 月间，巴西姜出口到美国等市场。届时，生姜仍然较嫩而脆弱，因而进行空运。7～11 月间，生姜进行海运。

秘鲁：供应有机姜

新有机姜于 7 月底上市。在新姜季开始之前，老姜仍以较低的价格供应，但质量不佳。种植者关于产量的说法不一，有人称认证/种植面积已减少，但有人则称供应保持稳定。据一位贸易商称，秘鲁姜也被广泛应用于新趋势中，例如在斯堪的纳维亚和美国流行的"生姜口服液"。

以色列：生姜价格高昂

进口姜的价格大约是平均价格的两倍。国产生姜要到秋季才会上市。该市场最大的份额被进口姜占据，其中约一半来自中国。泰国和印度是另外两个主要供应商。以色列的消费量相对较低，每年为 300 吨。消费量在过去两年中出现了轻微的增长，部分原因是对生姜健康功效的了解的深入。

以色列的健康产品市场正在成长，亚洲美食的受欢迎程度也在增加。生姜在这两方面都起着重要的作用。由于需求的不断上升，该国出现了少量产出。该国约有 20 家种植商，主要位于该国的中部。生姜的种植几乎完全在温室中进行。

以色列的国产生姜被认为质量更好，因为与市场的距离较短。由于种植者被迫作出大量投资，生姜的价格也在大幅上涨。国产生姜的价格为每千克 20 欧元，比进口生姜贵十倍。

美国：从去年的供应过剩局面中复苏

除了巴西姜的供应以外，美国市场上还有秘鲁姜的供应。一位零售商仍不知道市场将如何应对秘鲁生姜季的到来。"我知道中国的产量已经下降，因为安丘80%以上的姜厂因违规而被暂时关闭，因此今年可能会有更好的市场条件。"该贸易商对今年的姜季表示乐观。去年时市场上生姜供应过剩。由于产量巨大，市场上还有巴西新出口商供应的生姜。

澳大利亚：生姜主要面向国内市场

该国每年约生产生姜8000吨，大部分（60%）用于供应国内市场，剩余产品用于加工。该国全年种植生姜，生产者主要位于昆士兰、阳光海岸和怀德湾周围地区。行业组织估计，该行业价值3200万澳元（2100万欧元），年均价格稳定。

参考文献

［1］陈运起，徐坤，刘世琦．中国葱姜蒜产业现状与展望[J].山东蔬菜，2009（1）：5－7.

［2］崔娜，柳春，胡春田．中国对外直接投资效率、投资风险与东道国制度——来自"一带一路"沿线投资的经验证据[J].山西财经大学学报，2017，39（4）：27－38.（2017－03－13）

［3］单玉坤，官龙涛．价格剧烈波动条件下农产品营销渠道的优化——以昌邑生姜为例[J].中国商论，2016（14）：1－2.

［4］冯华．"姜你军"，究竟将了谁的军[N].人民日报，2011－11－07（17）.

［5］冯娟，章胜勇，王娟．影响因素分析[J].广东农业科学，2014（14）：61－65.

［6］关于山东省农产品出口工作的考察报告[EB/OL].[2016－09－21].http://www. hnrd. gov. cn/Info. aspx？ModelId＝1&Id＝7228.

［7］姜伟．洋葱无公害生产及深加工产业调查分析[D].河北工程大学，2017.

［8］蒋乐航．我国设施西红柿生产成本收益研究[D].南京农业大学，2015.

［9］金美丽（Kim Areum）．中韩农产品贸易竞争性与互补性研究[D].东北农业大学，2016.

［10］康瀚文．"一带一路"战略下走出去企业投资风险剖析与防控研究[D].西南财经大学，2016.

［11］李飞雪．莱芜市生姜出口现状分析[J].合作经济与科技，2015（8）：132－134.

［12］李琳．鲜活农产品流通模式与流通效率研究[D].中国海洋大学，2011.

［13］李敏．"一带一路"战略下我国对哈萨克斯坦的农业投资风险与应对策略[J].农业经济，2017（1）：122－124.

［14］李娜，王伟．山东安丘生姜产业化现状与发展对策探究[J].山东省农业管理干部学院学报，2013（4）：29－31.

［15］刘滨，唐云平，叶永梅．江西省茶产业国际竞争力的实证研究——基于2003～2015年的数据[J].新疆农垦经济，2017（2）：44－49.

［16］刘成．全国最大的生姜市场交易红火[N].经济日报，2010－08－23（10）.

［17］刘晓欣，梁志杰．"蒜你狠""姜你军"现象频现 投机资金为什么热衷炒作小

宗农产品［J］. 人民论坛，2017（2）：86－87.

［18］刘振伟. 莱芜生姜［M］. 北京：中国农业科学技术出版社，2013：48－50.

［19］龙雪.“一带一路”战略下中国对俄直接投资风险分析［J］. 对外经贸，2017（3）：26－27＋60.

［20］吕霜竹，霍学喜. 中国苹果出口欧盟市场价格竞争力研究［J］. 华中农业大学学报（社会科学版），2013（4）：56－61.

［21］欧雪辉，罗峦. 我国大蒜产品国际竞争力的实证分析［J］. 对外经贸，2012（3）：12－14＋20.

［22］欧雪辉. 我国大蒜产品国际竞争力的实证分析［J］. 对外经贸，2012（3）12－14＋20：.

［23］乔立娟. 蔬菜产业生产经营主体风险管理研究［D］. 河北农业大学，2014.

［24］乔雯，杨平，易法海. 日本对华农业直接投资与中日农产品贸易的关系研究［J］. 世界经济研究，2008（2）：74－79＋88.［2017－10－03］. DOI：10.13516/j. cnki. wes. 2008.02.009.

［25］乔雯. 中国与日韩两国的农业经贸关系研究［D］. 华中农业大学，2008.

［26］沈燕. 中韩农产品贸易现状及竞争力分析［D］. 南京农业大学，2007.

［27］孙琦. 基于产业集中度视角的中国煤炭产业技术创新研究［D］. 山东大学，2016.

［28］陶务瑞. 莱芜生姜［M］. 北京：中国农业科学技术出版社，2010：49－63.

［29］王慧全. 中国大蒜贸易和生产加工情况分析［J］. 中国果菜，2014（2）：46－49.

［30］王亚飞. 我国农业对外直接投资对农产品贸易影响研究［D］. 浙江财经大学，2016.

［31］魏东. 我国葱姜蒜生产全程机械化之路还有多远［N］. 科技日报，2017－08－14（7）.

［32］肖小勇，李崇光. 我国大蒜出口的“大国效应”研究［J］. 国际贸易问题，2013（8）.

［33］徐坤. 生姜生产研究现状及发展趋势［M］. 山东：中国葱姜蒜产业发展论坛，2009.

［34］许群. 莱芜生姜产业化经营研究［D］. 中国海洋大学，2010.

［35］鄢晓非，魏晓平. 煤炭产业集中度与经济效率研究［J］. 统计与决策，2016（3）：145－148.

［36］杨建国，左小义，吴光辉，熊绍军，汪端华，邹英. 湖南省生姜产业发展的现状及对策［J］. 湖南农业科学，2015（5）：131－134.

［37］杨自保，黄山美. 铜陵生姜生产现状与发展对策［J］. 安徽农业科学，2005（9）：1762－1763.

［38］张红，王悦．基于 CR 指标集成的中国房地产产业集中度测算与比较［J］．清华大学学报（自然科学版），2013，53（5）：630－635.

［39］张吉国，张凤娟，李雅贝．中国蔬菜产品国际竞争力实证研究［J］．山东农业大学学报（社会科学版），2006（3）：19－28.

［40］张仲超．涨势凶猛　"姜你军"今夏卷土重来［N］．中国商报，2014－08－05（P07）.

［41］赵祎宁．新军屯镇生姜种植模式的转变［J］．新农业，2016（19）：27－28.

［42］郑鹏．基于农户视角的农产品流通模式研究［D］．华中农业大学，2012.